高职高专**新媒体运营管理**系列教材

新媒体营销实务

李小敬 孟雯雯 / 主　编
徐　斌 张蒙蒙 / 副主编

清华大学出版社
北京

内 容 简 介

　　本书为2022年职业教育国家在线精品课程配套教材，为首批入驻国家高等教育智慧教育平台优质课程"新媒体营销"配套教材，为山东水利职业学院课程思政示范课配套教材，本书精选其中优质资源做成二维码在书中进行了关联标注。本书以项目和任务为引领，让学生以个人或团队的方式完成新媒体营销的七个项目。以项目任务书、任务指导书、项目任务评分标准及评分表、项目所需的基本知识和技能、自我练习各板块为载体，有机配合，指导学生学习和实践，以达到提高综合能力、掌握新媒体各主流平台营销的基本知识及技能的目的。本书主要内容包括微博营销、微信营销（含微信社群营销、微信公众号、微信小程序和微信视频号）、抖音短视频营销、淘宝直播营销、B站营销、今日头条营销、知乎营销。

　　本书由具有多年营销类课程教学经验的教师和具有实战经验的企业一线专家共同编写，同时配有数字化、立体化教学资源。本书可作为高等职业院校市场营销、电子商务及相关专业的教学用书，也可供新媒体类从业人员参考使用。

本书封面贴有清华大学出版社防伪标签，无标签者不得销售。
版权所有，侵权必究。举报：010-62782989，beiqinquan@tup.tsinghua.edu.cn。

图书在版编目(CIP)数据

新媒体营销实务/李小敬,孟雯雯主编. —北京：清华大学出版社，2022.4(2025.2重印)
高职高专新媒体运营管理系列教材
ISBN 978-7-302-60453-2

Ⅰ.①新… Ⅱ.①李… ②孟… Ⅲ.①网络营销－高等职业教育－教材 Ⅳ.①F713.365.2

中国版本图书馆CIP数据核字(2022)第052831号

责任编辑：左卫霞
封面设计：傅瑞学
责任校对：赵琳爽
责任印制：丛怀宇

出版发行：清华大学出版社
　　　　网　　址：https://www.tup.com.cn, https://www.wqxuetang.com
　　　　地　　址：北京清华大学学研大厦A座　　　邮　　编：100084
　　　　社 总 机：010-83470000　　　　　　　　邮　　购：010-62786544
　　　　投稿与读者服务：010-62776969, c-service@tup.tsinghua.edu.cn
　　　　质量反馈：010-62772015, zhiliang@tup.tsinghua.edu.cn
　　　　课件下载：https://www.tup.com.cn, 010-83470410
印 装 者：小森印刷霸州有限公司
经　　销：全国新华书店
开　　本：185mm×260mm　　　印　张：7.5　　　字　数：180千字
版　　次：2022年6月第1版　　　　　　　　　　印　次：2025年2月第3次印刷
定　　价：38.00元

产品编号：095769-01

PREFACE 丛书序

　　随着科学技术的不断发展,互联网与信息技术的应用渗透到各行各业,它深刻改变了人们的生活习惯,如人际沟通、消费、娱乐等,使社会文化环境发生了巨大的变化,影响着整个社会的变迁。

　　新媒体在我国的出现正是源于这样的背景,并且在持续、迅速地发生变化,对企业营销活动产生了明显的冲击。微博、微信、短视频平台、小程序、其他各类平台等新信息产品拓宽了新媒体渠道,革新了新媒体传播生态;网红经济和共享经济推动了新媒体产业发展;大数据、云计算、人工智能技术引领传播技术创新;VR 技术发掘出更多线上和线下交融的应用场景。移动化、交互化、体验化、定制化、线上线下一体化、全终端大融合的技术,正在让新媒体的创意与内容瞬息万变,受众与技术驱动的"一个内容、多种创意、多次开发;一个产品、多种形态、多次传播"的新媒体,不断释放出更多的红利和能量,更新、改写了营销的生态系统,同时也对企业营销提出了更高的要求,机遇与挑战并存。

　　除了科技的因素,其他因素也对营销环境产生着或大或小的影响。例如,2020 年新冠肺炎疫情严重期间,人们线下交流客观上变得十分困难,这使直播带货迅速发展,而疫情防控可能会较长时期地存在也使这一趋势得到了加强。2020 年 7 月 6 日,人力资源和社会保障部联合国家市场监督管理总局、国家统计局向社会发布 9 个新职业,其中就包括"互联网营销师"职业。

　　新媒体营销人才能够帮助企业利用新媒体的优势,如多渠道、精准触达、长尾效应、实时化、双向化等来实现企业的营销目标。面对迅速变化的营销环境,企业急需引进或培训新媒体营销人才。因此,培养社会需要的新媒体营销人才成为职业院校相关专业的迫切任务。

　　在这样的大环境下,许多高职院校进行了有益的尝试,开设了相关的专业或专业方向,根据企业需求开发人才培养方案和课程。例如,北京信息职业技术学院自 2014 年开始在市场营销专业中开设了新媒体运营管理方向,北京工业职业技术学院自 2015 年开始在市场营销专业中开设了新媒体营销方向。没有开设这类专业方向的相关专业多数也开设了其中的一些课程,如新媒体营销、微信微博运营、短视频运营、直播营销等。由于该行业紧跟技术的应用,相关技术也在不断地更新、迭代,培训机构及自媒体个人或公司也正在或已经进入这个培训市场。最近三四年,市面上与新媒体营销相关的教材、书籍开始变多。

　　作为多年从事该领域教学的教师,从高等职业教育教学实践的角度来看,市面上能直接用于高职新媒体营销类课程教学的优秀教材较少。目前的教材或者是由学者编写的偏重于理论方面的教材,或者是由企业、培训机构有实操经验的人员编写的偏重于实操方面的图书。第一种教材理论性强而实战性不足,内容更新也较慢。第二种图书实战经验强,但结构性较差,往往不成体系,内容相对片面,侧重如何去做,但对于为什么要这样做或者说理论性阐述较少,有些仅局限在某几个点或某几条线上,不利于高职学生的后续发展。这两类图书均存在不足。基于以上调研,开发一套适用的新媒体营销课程优质教材,是本套丛书产生的一个最直接原因。

2019年5月，在清华大学出版社和北京信息职业技术学院的共同推动下，"全国高职高专院校市场营销专业新媒体营销培训及教学研讨会"在北京顺利举办。来自全国30多所高职院校的专业教师和企业专家齐聚一堂，共同研讨，决定开发一套适用于高职层次教学的新媒体运营管理系列教材，由已开设过相关课程的有经验的教师和企业专家联合创作、编写。

本套丛书在编写体例上，融入"工作过程一体化"思想，采用项目式教材思路，以项目任务为引领，将相关的知识点融入其中，学生通过项目任务实践获得经验，掌握相关的知识，实现在"做中学"。同时，进行课程的信息化资源建设，以利于线上线下混合式学习。本套丛书的体例为"项目任务书→任务指导书→项目任务评分标准及评分表→基本知识和技能→自我练习"，这样的体例设计极大地方便了学生学习及教师指导，也方便业内人员自学。

编写团队基于前期对企业相关岗位的调研及课程开发论证，初步确定了以下十本教材作为本系列教材第一批：《新媒体营销基础》《新媒体运营工具》《互联网营销思维训练》《新媒体文案创作》《微信与微博运营》《社群运营》《新媒体营销实务》《新媒体营销策划》《短视频运营》《直播运营》。随着信息技术在行业中应用的变化或其他环境因素导致的变化，我们会及时推出满足教学需要的新教材。

我们希望，这套既有理论性又有实战性、既方便学生学又方便教师教的新媒体运营管理系列教材，能够有力地促进职业教育教学质量的提高，为社会培养出更多的企业急需的新媒体营销人才。

高职高专新媒体运营管理系列教材
编写委员会

前言
FOREWORD

新媒体营销实务是市场营销、电子商务、网络营销与直播电商或其他相关专业的专业核心课。本书是在对企业一线专家深入调研的基础上,结合新媒体营销岗位的实际工作内容及过程而开发。本书系统讲授微博营销、微信营销、抖音短视频营销、淘宝直播营销、B站营销、今日头条营销和知乎营销的基本理论知识和技能,以项目和任务为引领实现学习者对七个平台的深入理解和掌握。在项目和任务的设计上,充分考虑了与岗位工作内容的对接以及教学的可行性和方便性。

本书的体例是项目任务书→任务指导书→项目任务评分标准及评分表→基本知识和技能→自我练习。项目任务书使学生全面了解每个项目任务的具体要求,以便有目标地学习;任务指导书是为了给学习者"搭梯子",引导其一步一步地完成项目和任务;项目任务评分标准及评分表使学生清楚地知道考核要求及重点,引导其学习,其中部分引入了行业的考核标准;基本知识和技能对应前面的项目和任务,提供所需的基本理论知识和技能,可在任务前进行学习,也可在完成任务时随时查阅;自我练习是通过书面试题巩固学生对基本知识及技能的进一步掌握。这样的体例,将先进的教育与教学理念融入其中,充分考虑了学习的规律性,突出以学生为中心的教学理念,有利于发挥学习者的主观能动性。

本书为2022年职业教育国家在线精品课程配套教材,为首批入驻国家高等教育智慧教育平台优质课程"新媒体营销"配套教材,为山东水利职业学院课程思政示范课配套教材,开课平台为智慧树,扫描本页下方二维码即可在线学习该课程,内含微课、动画、图片、视频、测试等丰富的数字教学资源,授课教师可以此为基础开展个性化线上教学。此外,本书精选其中优质资源做成二维码在书中进行了关联标注。本书同时还提供PPT、自我练习的答案等。

本书由李小敬、孟雯雯担任主编,徐斌、张蒙蒙担任副主编。本书具体编写分工如下:李小敬、孟雯雯负责搭建课程结构,并编写项目一和项目六;张蒙蒙负责课程思政整体设计,并编写项目二;万军妮编写项目三;徐斌编写项目四;张文静编写项目五;王恩军编写项目七。本书由山东水利职业学院秦承敏教授审稿。北京电商联盟主席郭广超对教材中的任务设置和技能培养提供了专业指导。

由于本书涉及的内容较新,且平台内容更新速度较快,再加上编者水平有限,书中难免存在不足之处,恳请广大读者批评指正。

编　者

2022年1月

国家高等教育智慧教育平台
新媒体营销

新媒体营销
在线开放课程

目录

CONTENTS

项目一　微博营销 ·· 1
　　项目任务书 ··· 1
　　任务指导书 ··· 2
　　项目任务评分标准及评分表 ·· 4
　　基本知识和技能 ··· 4
　　　一、微博简介 ·· 4
　　　二、微博用户 ·· 8
　　　三、微博营销技能 ·· 9
　　　自我练习 ·· 13

项目二　微信营销 ··· 14
　　项目任务书 ··· 14
　　任务指导书 ··· 15
　　项目任务评分标准及评分表 ·· 17
　　基本知识和技能 ··· 17
　　　一、微信生态简介 ·· 17
　　　二、微信营销技能 ·· 19
　　　自我练习 ··· 34

项目三　抖音短视频营销 ·· 35
　　项目任务书 ··· 35
　　任务指导书 ··· 36
　　项目任务评分标准及评分表 ·· 38
　　基本知识和技能 ··· 38
　　　一、抖音简介 ·· 38
　　　二、抖音用户 ·· 39
　　　三、抖音的平台规则和推荐机制 ··· 41
　　　四、抖音营销技能 ·· 42
　　　自我练习 ··· 48

项目四　淘宝直播营销 ··· 49
　　项目任务书 ··· 49
　　任务指导书 ··· 50

项目任务评分标准及评分表 …… 52
基本知识和技能 …… 52
　一、淘宝直播简介 …… 52
　二、淘宝直播用户 …… 55
　三、淘宝直播平台的推荐机制 …… 56
　四、淘宝直播营销技能 …… 60
自我练习 …… 70

项目五　B 站营销 …… 71
项目任务书 …… 71
任务指导书 …… 72
项目任务评分标准及评分表 …… 74
基本知识和技能 …… 74
　一、B 站简介 …… 74
　二、B 站内容创作 …… 76
　三、B 站营销技能 …… 78
自我练习 …… 81

项目六　今日头条营销 …… 82
项目任务书 …… 82
任务指导书 …… 83
项目任务评分标准及评分表 …… 85
基本知识和技能 …… 85
　一、头条简介 …… 85
　二、头条用户 …… 86
　三、头条的个性化推荐机制 …… 87
　四、头条营销技能 …… 90
自我练习 …… 96

项目七　知乎营销 …… 97
项目任务书 …… 97
任务指导书 …… 98
项目任务评分标准及评分表 …… 100
基本知识和技能 …… 100
　一、知乎简介 …… 100
　二、知乎用户 …… 102
　三、知乎的推荐机制 …… 103
　四、知乎营销技能 …… 106
自我练习 …… 111

参考文献 …… 112

项目一

微博营销

微博是一种基于用户关系的信息分享、传播以及获取的平台。微博营销是指以微博作为营销平台,将每一个粉丝当作潜在营销对象,通过更新自己的微博向网友传播企业信息、产品信息,树立良好的企业形象和产品形象,并与用户交流互动,或者发布用户感兴趣的话题,以达到营销目的的一种营销方式。通过完成本项目任务,可以初步掌握微博运营的基本常识、内容创作和引流推广的基本技巧和方法等基本知识与技能,胜任与微博营销相关的工作。

项目任务书

课内学时	4	课外学时	持续2周,累计不少于4周
学习目标	知识目标 1. 了解微博和微博营销的概念 2. 掌握微博的功能和特点 3. 了解微博的用户画像 4. 了解常见的微博数据分析指标 技能目标 1. 能捕捉热点事件,收集相关信息,丰富内容素材库,并根据平台规则,规范素材格式,整理上报 2. 能维护平台粉丝,根据粉丝互动情况,发现和管理优质粉丝 3. 能根据效果评价体系,采集转、评、赞等定量数据和用户留言、评论等定性数据 4. 能根据用户的转、评、赞等定量数据,分析用户互动趋势和活跃度 5. 能根据用户留言、评论等定性数据,识别用户有效反馈,挖掘销售线索 思政目标 1. 具备用户思维,提高粉丝忠诚度 2. 具备版权意识和诚信意识,避免侵犯他人肖像权 3. 注重微博营销数据分析的客观性、准确性和真实性		

续表

课内学时	4	课外学时	持续2周,累计不少于4周
项目任务描述	1. 组建团队 2. 微博账号规划 3. 微博内容策划 4. 微博内容推广		
学习方法	1. 听教师讲解相关知识 2. 看在线视频资料自学或复习 3. 动手实践		
所涉及的专业知识	微博的功能、微博的特点、微博的用户画像、微博营销技能、微博数据分析		
本任务与其他任务的关系	本任务与其他新媒体平台任务都是搭建新媒体营销矩阵的重要组成部分。本任务所组建的团队在以后的任务中会继续沿用		
学习材料与工具	学习材料：1. 项目任务书后所附的基本知识 　　　　　2. 在线视频资料 工具：项目任务书、任务指导书、手机、计算机、笔		
学习组织方式	部分步骤以团队为单位组织,部分步骤以个人为单位组织		

 任务指导书

完成任务的基本路径如下。

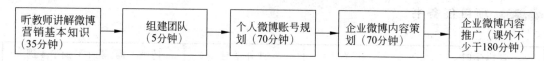

第一步,听教师讲解微博营销基本知识。

第二步,组建团队,填写团队任务分工表1-1。

表1-1　任务产出——团队任务分工

人员	组长	成员1	成员2	成员3	成员4	成员5
姓名						
分工						

注：所有人在完成本人负责部分任务的同时应该使总任务达到最优效果。

第三步,个人微博账号规划。以团队为单位,对团队成员的微博账号搭建情况进行打分、评价,之后总结出效果最好的一位同学,并分析好的原因,填写个人微博账号规划情况分析表1-2。

表1-2　任务产出——个人微博账号规划情况分析

项目	组长	成员1	成员2	成员3	成员4	成员5
账号简介						
微博封面						
微博内容						

续表

项目	组长	成员1	成员2	成员3	成员4	成员5
互动行为						
内容风格						
成员评价排序（由高到低）						

账号规划最好的是：
原因分析：

注：所有人在完成本人负责部分任务的同时应该使总任务达到最优效果。

第四步，企业微博内容策划。以小组为单位，为山东日照祥路碧海茶业有限公司策划一场中秋节微博营销活动，小组讨论确定营销目标并策划活动预热方案。最后以小组为单位将制作内容进行展示和汇报。组长负责填写微博内容策划自我点评表1-3。山东日照祥路碧海茶业有限公司背景资料请扫描右侧二维码。

山东日照祥路碧海茶业有限公司背景资料

表1-3 项目任务产出——微博内容策划自我点评

1. 我们组的制作内容是_____，选题创意方向是_____。
2. 我们组常使用的预热方案是：

3. 询问至少三位微博粉丝，了解他们针对自己小组制作的微博营销活动方案的印象。
粉丝评价1：_____
粉丝评价2：_____
粉丝评价3：_____
4. 自己发的微博中粉丝评论最多的是什么？简单分析为什么会有这种印象。

第五步，企业微博内容推广。运用所学到的微博营销知识，在企业微博上传和发布作品一周之后开始运用小组成员个人微博账号进行内容推广，包括站内推广和站外推广。个人推广作品一周后对小组成员进行点评。组长负责填写微博内容推广点评表1-4。

表 1-4　项目任务产出——微博内容推广点评

项目	组长	成员 1	成员 2	成员 3	成员 4	成员 5
推广方式						
推广目的						
活动时长						
浏览量						
评论量						
转发量						
互动数						
涨粉量						
内容推广效果最好的是： 原因分析：						

项目任务评分标准及评分表

"微博营销"任务评分标准及评分表（总分 100 分）

学生姓名：_____

任务产出	团队分工表	个人微博账号规划		微博内容策划		微博内容推广		总计
		评分标准（30 分）	实际得分	评分标准（30 分）	实际得分	评分标准（30 分）	实际得分	
评分标准	10 分	账号简介（6 分）		选题创意方向（10 分）		浏览量（6 分）		总计
		微博封面（6 分）		近一周自然评论量（10 分）		评论量（6 分）		
		微博内容（6 分）		符合《微博社区自律公约》（10 分）		转发量（6 分）		
		互动行为（6 分）				互动数（6 分）		
		内容风格（6 分）				涨粉量（6 分）		
实际得分								

基本知识和技能

一、微博简介

微课：微博简介

1. 微博的概念

微博是一种基于用户关系的信息分享、传播以及获取的平台，以视频、文字、图片等多媒体形式,实现信息的即时分享、传播互动,用户可以通过 PC(个人计算机)、手机等多种移动终端接入。

2. 微博营销的概念

微博营销是指以微博作为营销平台,将每一个粉丝当作潜在营销对象,通过更新自己的微博向网友传播企业信息、产品信息,树立良好的企业形象和产品形象,并与大家交流互动,或者发布大家感兴趣的话题,以达到营销目的的一种营销方式。"微博作为一种新型的社会化媒体营销平台,吸引着众多企业利用其开展营销活动。"[1]

在微博生态运营下,粉丝是各类商品最忠诚可靠的消费者,因此,微博营销本质上就是一种粉丝经济。粉丝经济就是要体现用户思维,用户不仅是产品的消费者,也可以是策划者,要抓住用户情愫、击中用户痛点、满足用户需求,提高客户忠诚度,形成口碑效应。

3. 微博的功能

(1) 添加关注的功能(图1-1),了解对方的动态。

图1-1 添加关注的功能

(2) 发布图文、音频、视频等微博内容的功能(图1-2)。

图1-2 发布图文、音频、视频等微博内容的功能

(3) 参与话题的功能(图1-3),"话题"就是微博搜索时的关键字。

图1-3 参与话题的功能

(4) 评论、转发、收藏、点赞的功能(图1-4)。

图 1-4　评论、转发、收藏、点赞的功能

（5）投票功能（图 1-5），在"发起投票"中，需要为投票创建标题，并设置投票截止时间。

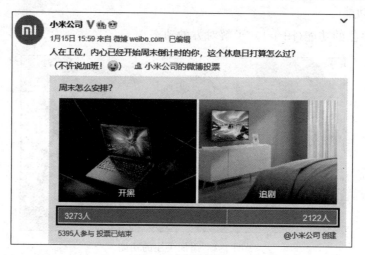

图 1-5　投票功能

（6）抽奖功能（图 1-6）。

图 1-6　抽奖功能

4. 微博的特点

(1) 广场型平台(图 1-7)。微博正越来越成为一个广场型平台,这意味着它是大小事的汇聚地,随时随地都有热门事件发生的可能性。微博上沉淀了大量的明星和意见领袖,他们掌握了微博的核心话语权,使微博上的互动相对变少,而消息传递成了它的新特点。

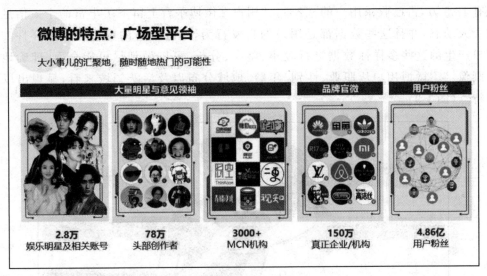

图 1-7　广场型平台

(2) 追星主阵地(图 1-8)。微博上的明星粉丝,已经占到"微博月活"的 50% 以上。这意味着,如果品牌有明星代言,就可以调动粉丝力量。企业可借助明星的微博账号进行品牌宣传和推广,也可利用微博平台给自己带来更多流量。例如,在明星生日季、明星周年庆、新歌发布等重大时间节点活动,借势推出各种活动,根据自身调性及需求去定制活动。

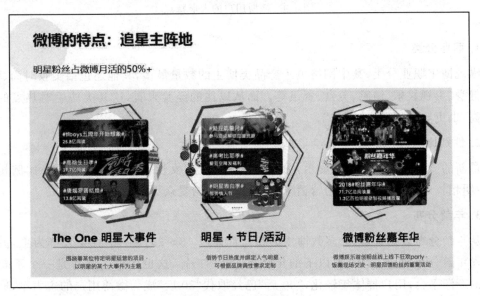

图 1-8　追星主阵地

二、微博用户

目前,新浪微博月活跃用户数(MAU)近 6 亿,平均日活跃用户数(DAU)超 2 亿。截至 2020 年第一季度,据微博数据统计,粉丝数多于 1 万,且每周保持积极持续发博的活跃用户大概有 18.5 万,占已收录用户的 9.2%。"用户在微博平台上留下了丰富的个人信息和海量的个人动态,并且这些数据都是用户的自发行为,具有极高的可信度和多样性。通过对用户产生的这些多样性数据进行收集、整合、分析,可以做到尽可能全面、准确地描绘用户画像。"[2] 微博用户从职业、性别、年龄、地域分布以及活跃领域来看,显现出以下的人群特点(图 1-9)。

图 1-9 微博用户的人群特点

1. 职业分类

纵观博主职业分类,其中网络电子产品类博主的数量最多,其他还包括美妆时尚、明星、运动健身、影视娱乐、情感、美食、资讯等。而从以往的经验来看,这几类博主对热点的敏感度更高,也更容易创造出"爆文"。

2. 性别比例

最新的微博用户性别比例显示,男性占比 50.75%,女性占比 49.25%,男女比例相对均衡,说明相较于带有性别倾向的营销平台,微博营销的受众更加全面。

3. 年龄分布

从年龄分布数据来看,大多数博主的粉丝群体以 18～29 岁的中青年人群为主,占据博主粉丝年龄分布的 67%,30 岁以下的年轻人占比 81%。这也印证了微博是一个不断追求热点的新潮平台,用户群体年轻化,"90 后"已经取代"80 后"成为微博用户的主力军,成为微博广告变现上不容小觑的强劲购买群体,营销也应多结合时事热点,迎合年轻人的口味。

4. 地域分布

从地域分布上可以看出，三四线城市的用户占比达到了57％，人均收入较高，消费能力也相对较强。目前各省份博主数量排名前5位的省市分别是北京、上海、广东、浙江和江苏。微博营销会更注重品牌甄选，不少知名品牌都会在微博注册官方微博，提升自己的品牌影响力。

5. 活跃度分布

粉丝互动的活跃度直接影响微博的宣传效果，从目前来看，电子商务类微博粉丝互动率最高，高达60％。

三、微博营销技能

（一）搭建账号

如果没有开通新浪的相关账户，则需要登录该网址：https://weibo.com/，进行账号注册。

微课：微博营销

（二）资料设置

1. 微博名称

个人微博应尽量使用能表明个人身份的名字，企业微博则尽量使用品牌或者公司名称。

2. 微博头像

个人微博头像可以设置成真人照片，也可以使用个性化头像、其他特殊标志等。企业微博可以使用企业Logo、企业名称或者具有代表性的产品照片等。例如，雷军的微博名称和头像就使用了他本人的名字和照片（图1-10），小米公司的微博名称和头像则使用了公司名称和品牌Logo（图1-11）。

图1-10 雷军的微博名称和头像

图1-11 小米公司的微博名称和头像

需要注意的是，在设置头像时，一定要强化法律意识，切勿盗用他人照片，避免侵犯他人肖像权，也不能使用淫秽色情的内容作为头像。

3. 微博简介

微博简介内容要包含能吸引用户的信息，简明扼要。个人微博简介可以表达个人的身份、特长和能力，也可以用有趣的句子来展现自身个性化。企业微博简介可以用一句话介绍企业是干什么的。雷军的个人微博简介说明了自己是小米创办人的身份，小米公司的微博简介用一句话介绍公司,简洁明了。

4. 设置背景模板

设置背景模板是指对微博背景图片和头像后的封面墙进行自定义。个人微博的背景模板可以是生活照、美景图等带有个人喜好的图片(图1-12),而企业微博应尽量使用产品图或者口号,突显企业文化(图1-13)。

图1-12 雷军个人微博的背景模板

图1-13 小米公司微博的背景模板

在编辑微博账号信息时,还可以添加标签、设置个性域名等。

(三) 微博营销

1. 制造话题

以"话题页"为阵地,聚合内容。让话题尽可能多地展示品牌相关信息。

小米微博营销案例中(图1-14和图1-15),#雷军十周年演讲#上线12小时,引爆话题阅读量超过5.7亿,话题讨论总量超过47万,直播预约总人数超过150万,小米通过话题引爆流量,打造雷军热点阵地,极大地强化了微博用户对小米的品牌认知,形成口碑效应。

2. 达人助攻

可以结合一些中腰部的达人、优质的粉丝、KOL(意见领袖)的种草环节,进行圈层矩阵的选择。"公司使用微博向互联网用户传播有关其业务和产品的信息,并建立良好的产品形象。"[3]

3. 邀请明星代言

小米创始人兼"宣传委员"雷军是小红书第一位认证的企业家,曾凭借一首"Are you

OK"成为红遍 B 站的灵魂歌手,成功制造了"KOL 雷军"。雷军可以说是小米行走的代言人,点燃米粉和网友的热情,与粉丝互动并圈粉路人。从实力圈粉到品牌提升,雷军赢得了国民的关注和追随。

图 1-14　雷军十周年演讲话题

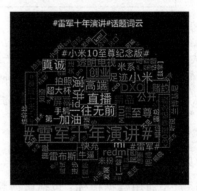

图 1-15　小米引爆话题流量

在借助微博平台进行营销时,不能一味地造热搜上热榜,要通过提升用户黏性并结合口碑营销形式,获取经济利益与社会利益,引导粉丝树立健康心态,鼓励粉丝之间良性有序竞争,共同为社会作出更有意义的贡献。

在微博的整体平台之外,可以建立"微博＋X"新媒体营销矩阵进行联动,实现从曝光互动到转化落地。

微博＋新闻客户端,是内容的互通互补。

微博＋电商,可以实现从种草到拔草的营销闭环。

微博＋视频,无论是长短视频还是直播,微博都有相应的阵地进行转化。

微博＋搜索,即微博热搜,是大家闲暇时间了解热点事件的平台,企业可以在精准的定向、热搜的推广搜索的彩蛋等方面进行发掘。

在此重点介绍"微博＋电商",即"微博商业化",是指阿里的 U 微计划(图 1-16)和微博结合,联动电商平台和社交平台的数据体系,打破了品牌社交"种草"与电商"拔草"的消费者障碍,助力品牌实现全域营销。"'种草'和'拔草'作为新兴营销和消费模式,其新颖之处在于它与网络社交紧密融合。微博、小红书等社交平台现已成为商家进行'种草营销'的重要平台,消费者也可以在社交平台上完成'种草'和'拔草'的全过程。"[4]

微博商业化的路径是指曝光触达—心智影响—导流转化—心智占领—准备收割。简单

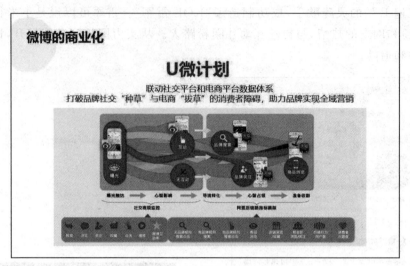

图 1-16　阿里的 U 微计划

来说，先从微博的广告触达，再到品牌资产沉淀，最后在阿里系平台进行二次触达，实现品牌"拔草"。例如，商业价值红人李佳琦从微博的直播预告到全网覆盖，最后在淘宝直播转化变现，完成从"种草"到"拔草"的粉丝资产沉淀，聚力品效合一，实现双增长。

（四）数据分析

1. 常见的数据分析指标

（1）运营型通用数据指标：包括微博粉丝数、二级粉丝数、活跃粉丝数比例、粉丝性别比例、粉丝的地区分布、粉丝流失率、粉丝增长率、每日发微博数、微博阅读数、微博转发数、平均转发数、新老粉丝访问率等。

（2）效果型特定数据指标：包括销售量、网站流量、客单价、搜索结果数等。

数据分析指标如图 1-17 所示。

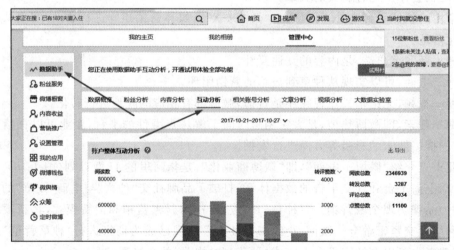

图 1-17　数据分析指标

2. 利用"数据助手"分析

营销人员主要利用"数据助手"工具来完成数据分析，数据助手是新浪微博中的一个智能数据管家，帮助用户记录了个人新浪微博的多方位数据。微博"数据助手"可以从粉丝分析、内容分析、互动分析、相关账号分析等几个方面进行数据分析，能够满足营销人员的数据分析需求。

（1）粉丝分析。粉丝分析主要从粉丝趋势、来源、性别和年龄、地区分布、粉丝类型等方面进行，目的是帮助用户了解粉丝的变化趋势，以及获得用户画像。

（2）内容分析。内容分析的效果指标包含阅读数、互动数（包含转发数、评论数和点赞数）和单击数（包含图片、视频和短链单击）。单篇微博要分析发布后的阅读数、互动数、单击数等指标的趋势变化；列表内容要分析微博内容信息和微博图片，对比发布微博所收到的阅读数、互动数、单击数。

（3）互动分析。互动分析包括影响力、主页访问和账户互动。影响力主要关注活跃度、传播力、覆盖度三个方面；主页访问主要关注浏览量、访问人数、访问时长三项数据；账户互动包括阅读数、互动数、转发数、评论数、点赞数、单击数，以及与其相关的互动率、单击率、转发率、评论率、点赞率等。

（4）相关账号分析。搜索到需要分析的相关微博账号，添加该账号后会展现其当前粉丝总数、粉丝增长数、粉丝增长幅度、发微博数、互动数和平均每篇微博互动数。相关账号列表根据粉丝数由高到低进行排列。

只有更好地分析数据，才能更准确地评估营销效果，在进行数据分析时要客观、准确，保证数据的真实性，数据造假不仅是诚信问题，也是违法行为。

 自我练习

一、单选题

1. 微博营销的本质是（　　）。
   A. 精准营销　　　B. 粉丝经济　　　C. 博主经济　　　D. 立体营销
2. 微博营销的第一步是（　　）。
   A. 制造话题　　　B. 达人助攻　　　C. 明星代言　　　D. 拉拢粉丝
3. 凭借一首"Are you OK"成为红遍B站灵魂歌手的是（　　）。
   A. 胡歌　　　　　B. 张杰　　　　　C. 易烊千玺　　　D. 雷军

二、多选题

微博的功能主要有（　　）。
   A. 添加关注　　　　　　　　　B. 参与话题
   C. 投票　　　　　　　　　　　D. 评论、转发、收藏、点赞

三、判断题

1. 微博是一种基于用户关系的信息分享、传播以及获取的平台。（　　）
2. 微博不是一种广场型平台。（　　）
3. 微博是大小事的汇聚地，随时随地有热门发生的可能。（　　）

项目二

微信营销

　　微信(WeChat)是腾讯公司于 2011 年 1 月 21 日推出的一个为智能终端提供即时通信服务的免费应用程序。微信营销是网络经济时代企业或个人营销模式的一种，是伴随着微信的火热而兴起的一种网络营销方式。通过完成本项目任务，可以初步掌握微信公众号的搭建、微信小程序的玩法、微信视频号的创建等基本技巧和方法，胜任与微信营销相关的工作。

 项目任务书

课内学时	6	课外学时	持续 2 周，累计不少于 4 周
学习目标	知识目标 1. 掌握微信生态的构成 2. 了解构成微信社群的三要素 3. 了解微信公众号的账号类型 4. 掌握微信视频号的核心特征 5. 掌握微信小程序的概念 技能目标 1. 能进行微信社群的管理 2. 能完成微信公众号的搭建 3. 能操作三种微信小程序的玩法 4. 能完成微信视频号的创建并发布动态 5. 能根据视频拍摄主题，编写文案脚本 6. 能根据视频脚本，利用手机或相机等拍摄工具构图取景，拍摄短视频 7. 能使用视频剪辑工具，进行视频剪辑、添加特效和字幕等处理，使视频和音乐节奏同步 8. 能根据用户的转、评、赞等定量数据，分析用户互动趋势和活跃度 思政目标 1. 具备微信生态全局观，注重发挥生态局部功能 2. 培养微信社群营销和公众号营销中的价值内容输出意识		

续表

课内学时	6	课外学时	持续2周,累计不少于4周
学习目标	3. 文案策划中具备热点敏感度和热点捕捉能力 4. 注重使用微信小程序助力品牌营销数字化升级 5. 具备互联网思维的商业嗅觉,利用好视频号的新机遇		
项目任务描述	1. 组建团队 2. 微信账号规划 3. 微信内容策划 4. 微信内容推广		
学习方法	1. 听教师讲解相关知识 2. 看在线视频资料自学或复习 3. 动手实践		
所涉及的专业知识	微信生态、微信营销技能、微信社群、微信视频号营销		
本任务与其他任务的关系	本任务与其他新媒体平台任务都是搭建新媒体营销矩阵的重要组成部分		
学习材料与工具	学习材料:1. 项目任务书后所附的基本知识 　　　　　2. 在线视频资料 工具:项目任务书、任务指导书、手机、计算机、笔		
学习组织方式	部分步骤以团队为单位组织,部分步骤以个人为单位组织		

 任务指导书

完成任务的基本路径如下。

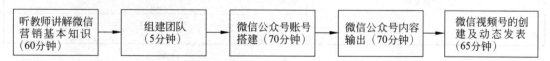

第一步,听教师讲解微信营销基本知识。

第二步,组建团队,填写团队任务分工表2-1。

表2-1　任务产出——团队任务分工

人员	组长	成员1	成员2	成员3	成员4	成员5
姓名						
分工						

注:所有人在完成本人负责部分任务的同时使总任务达到最优效果。

第三步,微信公众号账号搭建。以团队为单位,关注"山东日照祥路碧海茶业有限公司"公众号,分析其账号搭建,将公众号类型、公众号名称和公众号简介等信息填入表2-2中,并提出优化建议。

表2-2 任务产出——微信公众号账号搭建

账号搭建	公众号类型	
	公众号简介	
	菜单栏入口设计	
优化建议	1.	
	2.	
装修完成的截图展示		

第四步,微信公众号内容输出。以小组为单位,为山东日照祥路碧海茶业有限公司撰写一篇公众号文章,撰写的文章在朋友圈、微信群等进行分享,最后以小组为单位将制作内容进行展示和汇报。组长将营销目标、营销内容、营销效果等信息填入表2-3中。

表2-3 项目任务产出——微信公众号内容输出

营销目标	用户定位	
	品牌定位	
营销内容	推送的文章题目	
	推送的内容	
营销效果	被分享次数	
	点赞量	
	评论量	

第五步,微信视频号的创建及动态发表。运用所学到的微信营销知识,以小组为单位,创建微信视频号,并发表一条视频。组长负责填写微信视频号任务产出表2-4。

表2-4 项目任务产出——微信视频号的创建及动态发表

视频号名称	
视频号动态发表截图展示	

项目二 微信营销 17

项目任务评分标准及评分表

"微信营销"任务评分标准及评分表(总分100分)

学生姓名:_____

任务产出	团队分工表	微信公众号账号搭建		微信公众号内容输出		微信视频号的创建及动态发表		
		评分标准(30分)	实际得分	评分标准(50分)	实际得分	评分标准(10分)	实际得分	
评分标准	10分	正确填写账号类型(6分)		用户定位准确(5分)		视频符合发布要求(5分)		总计
		正确填写名称(6分)		品牌定位准确(5分)		图片符合发布要求(5分)		
		正确填写简介(6分)		标题的吸引力(5分)				
		正确填写菜单栏(6分)		关键词标签(5分)				
		公众号优化建议具体、有针对性(6分)		内容原创性(5分)				
				行文流畅度(5分)				
				排版美观性(5分)				
				分享量(5分)				
				点赞量(5分)				
				评论量(5分)				
实际得分								

基本知识和技能

一、微信生态简介

微课:微信生态简介

1. 微信生态的概念

微信包括企业微信和个人微信。从宏观层面看,微信生态是连接企业与个人用户的平台;从微观层面看,微信生态包括公众号、朋友圈、小程序、视频号等(图2-1)。

2. 微信生态的特点及功能

微信群成员上限是500人,群内有管理员,可以设置群接龙、群直播、群待办、群公告等。微信群是流量沉淀、唤醒的主要场所,也是社交裂变的主要场景。

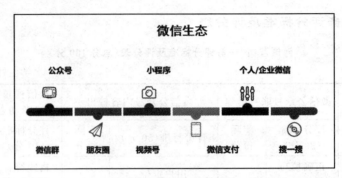

图 2-1 微信生态的概念

朋友圈是私域流量裂变营销的入口,也是品牌方广告投放的主阵地,微信用户可在朋友圈发表图片、文字、视频,添加话题标签,分享音乐、文章、小程序等内容。

企业微信是 to B 的社交产品,个人微信是 to C 的社交产品;企业微信与个人微信已实现打通,可以互相添加好友,实现两个产品之间的信息互通。企业/个人微信能实现一对一触达,连接品牌与用户。

公众号的内容形式丰富、覆盖面广、传播速度快,是品牌建设及营销运营的有力途径。公众号是内容营销及品牌建设的中心环节,也是承载消费落地的前置环节。

小程序无须安装,"用完即走",用户可以通过扫描二维码、搜索等方式进入小程序。小程序是品牌营销的工具,更是消费落地的场景。

视频号的内容形态以短视频为主,与朋友圈、公众号等打通,连接了用户与创作者,其分发机制为熟人社交和算法推荐。视频号的发展尚处于初级阶段,核心壁垒在于优质内容的引入。当前,视频号的诸多场景正在快速落地,并与公众号视频消息等其他功能结合。视频号能够实现公域流量的拉新,是微信生态未来的重点发展领域。

搜一搜是微信生态的搜索入口,打通了腾讯体系的内容与服务,例如,小程序、公众号、搜狗、QQ 音乐、知乎、微信读书等。搜一搜主要承接用户的主动搜索行为。

微信支付主要提供企业红包、代金券、立减优惠等营销工具,"是微信生态圈发挥公共服务特质的又一创新,满足于用户之间相互转账的社交需求。"[5]

微信生态是由多个部分组成的有机整体,既要树立全局观,立足整体,统筹全局,又要充分发挥微信生态各个部分的功能,用局部的发展实现微信生态功能最大化。

3. 微信电商闭环生态

2017 年 1 月,微信小程序正式上线,彻底改变了原有的电商生态模式,从最开始的游戏小程序为主,之后形成生活服务、电商、教育、工具等小程序百花齐放的局面,小程序逐渐成为微信电商的载体。2019—2020 两年,微信不断探索私域电商发展之道,上线微信直播小程序;打通微信与企业微信,助力商家的客户管理服务;上线视频号,开通视频号直播,允许商家小程序接入视频号,个人名片开放展示视频号,朋友圈允许分享视频号卡片等,微信正在朝着电商化和视频化方向加速发展。

微信电商形成了以"视频号+微信小程序+公众号/社群"为主线的电商闭环,主要包括导流、交易和活跃、复购三个环节:首先通过微信朋友圈、搜一搜、视频号、微信公众号进行导流;其次依托微信小程序开展电商交易;最后通过微信社群促进活跃并实现复购。

二、微信营销技能

(一) 微信社群营销

提到微信社群,"吴晓波书友会"总是作为标杆出现。"吴晓波频道"围绕吴晓波这一核心意见领袖,以"泛财经、泛商业"话题构建"中产阶级生活场景",专注做社群经济,是国内最大的财经知识社群。

微课:微信社群营销

吴晓波频道

90门召集令

1. 微信社群定义

明确的共同目标、明确的运营制度和相同的属性标签是微信社群的三要素。

(1) 明确的共同目标。例如,学习成长、链接资源、拓展人脉等。

(2) 明确的运营制度。例如,社群的规则、价值的输出等。

(3) 相同的属性标签。例如,爱美女性、考研学生、新媒体从业人员等。

"吴晓波频道"的用户群体有共同的学习诉求和相同的属性标签,而且制定了明确的运营制度,属于典型的微信社群。

"'吴晓波频道'的社群经济以组建高度集中的社群为基础,进而形成完整的产值链,从中获取经济效益。'吴晓波频道'社群的发展从其书友会的组建为起点,并以书友会为社群基础,进而开展了一系列的经济活动,从中获取经济收益。"[6]

微信群作为连接用户关系的重要通道,是促进商户进行裂变营销的重要工具。2020年8月,微信群聊菜单灰测"群直播"功能,群内任何人都能直接发起直播,而且可以多场群直播同时进行,支持连麦、评论、点赞等功能(图2-2)。

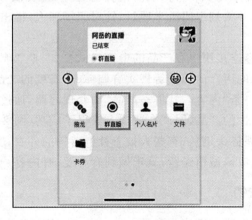

图2-2 群直播

2. 微信社群定位

定位时要明确目标用户是谁和目标用户的属性，明白用户关注什么，将用户标签化。吴晓波社群的用户认可商业之美，崇尚自我奋斗、乐意奉献、共享等，这就是用户的标签，所以，吴晓波频道的用户定位为新中产人群，主要包括企业家、创业者和都市白领。企业要根据自身情况选择合适的社群定位。

3. 微信社群管理

首先，社群要有一个好的名称。可以是品牌名称或个人昵称，突出主题，符合人群的定位。

其次，要有多个角色共同参与管理。既要有负责群内价值输出的专家，也要有维护秩序和营造气氛的管理人员。

最后，要设计不同的活动提高群活跃度。例如，每周同读一本书的官方活动，丰富社群互动的自发活动；每周一次的线上活动，每月一次的线下活动；还有免费活动和收费活动。

线上活动、线下活动

4. 微信社群引流

社群管理基本稳定之后，最重要的一步是社群引流。引流的核心是输出有价值的内容，也就是要符合受众定位。

"吴晓波频道"内容覆盖泛财经领域，聚焦于"理财""金融"等主题，多以功能性内容为主，目前栏目内容包括面向小白群体的财经科普类内容、面向职场工作人员的自我提升内容、面向公司管理层的管理技巧性内容以及面向所有人群的每日财经资讯等。其所制作、传播的内容偏向与其"新中产人群"这一目标群体的需求偏向一致。

5. 微信社群变现

企业创建微信社群的最终目的是"变现"，也就是获得具体的收益。主流的社群变现渠道有广告收入、知识付费和社群电商3种。

广告收入是指在社群内发布产品广告，收取一定的广告费。"吴晓波频道"也不乏通过广告收入进行变现，广告收入最好不超过1/3。

知识付费是用户对专业知识和价值观的消费行为。"吴晓波频道"针对企业家阶层，提供传统企业的转型课程，并策划组团游学项目；针对职场新人，推出电商培训等服务，以此达到知识付费的目的。

社群电商是指以内容连接用户和产品的电商模式。"吴晓波频道"基于消费人群特点，搭建知识社群电商"美好的店"，向消费者售卖有调性、有态度的产品和服务。

吴晓波频道走出了一条"内容—社群—产品"的变现之路，通过社群的筛选，基于群成员的需求，开发出了有针对性的产品，因此在变现上获得了成功（图2-3）。

这两年社群营销发展势头迅猛，有些人披着社群营销的外衣，实施新型营销骗局。作为合格的新媒体营销人员，应该诚信经营，真正做到有态度、有内容、有温度。

（二）微信公众号营销

有一个人每天6:30准时在微信公众号上发一条60秒的语音，365天从未间断，他就是"罗辑思维"的罗振宇。"每天60秒的语音充分利用了微信的语音功能，在所有微信公众号

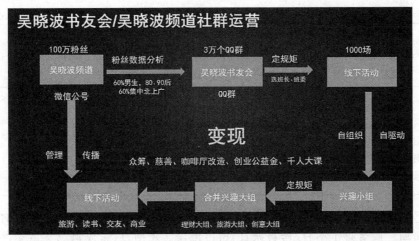

图 2-3　微信社群变现

中是一个独创和新颖的做法。"[7]

微课：微信公众号的搭建　　　　罗胖 60 秒　　　　罗辑思维

2012 年 12 月，罗振宇推出"罗辑思维"微信公众号，只用了 8 个月的时间，就吸引了 50 万的粉丝。2013 年 8 月，该微信公众号推出了微信会员收费制度，短短 6 个小时，5500 名会员的名额被抢光，创收 160 万元。2015 年 10 月，罗辑思维完成 B 轮融资，估值 13.2 亿元，开创了互联网的神话。"罗辑思维"是如何取得成功的呢？

1. 确定账号类型

微信公众号有订阅号、服务号、企业微信和小程序四种类型（表 2-5）。订阅号是在微信侧给用户传达资讯的一种新的信息传播方式，注册时要提供个人身份证和营业执照。订阅号（认证用户、非认证用户）1 天可以推送 1 次消息，每次最多 8 篇文章，适用于个人、媒体、企业、政府或其他组织。

表 2-5　账号类型

账号类型	功 能 介 绍
订阅号	主要为用户传达资讯（类似报纸杂志），认证前后都是每天只可以群发一条消息。（适用于个人和组织）
服务号	主要服务交互（类似银行，114，提供服务查询），认证前后都是每个月可群发 4 条消息。（不适用于个人）
企业微信	企业微信是一个面向企业级市场的产品，是一个独立 App 好用的基础办公沟通工具，拥有最基础和最实用的功能服务，专门给企业提供使用的 IM 产品。（适用于企业、政府、事业单位或其他组织）

续表

账号类型	功能介绍
小程序	是一种新的开放能力,开发者可以快速地开发一个小程序。小程序可以在微信内被便捷地获取和传播,同时具有出色的使用体验

温馨提示:
1. 如果想简单地发送消息,达到宣传效果,建议选择订阅号。
2. 如果想用公众号获得更多的功能,例如,开通微信支付,建议选择服务号。
3. 如果想用来管理内部企业员工、团队,对内使用,可申请企业微信。
4. 原企业号已升级为企业微信

服务号为企业和组织提供更强大的业务服务与用户管理能力,提供服务查询,注册时要提供营业执照。服务号1个月(按自然月)可以推送4次消息,每次最多8篇文章,适用于媒体、企业、政府或其他组织。

企业微信是一款专门为企业提供即时通信产品的独立App,适用于企业、政府、事业单位或其他组织。

小程序是一种新的应用形态,可以在微信内被便捷地获取和传播,同时为用户提供出色的使用体验,适用于企业、大学、政府或其他组织。

微信公众号每一种类型的使用方式、功能、特点均不相同,企业要根据需求选择最适合自己的公众号类型,达到预期的营销效果。

2. 注册账号

登录微信公众平台官网,点击右上角的"立即注册"按钮,根据提示,填写邮箱,选择要注册的账号类型,填写相关信息,完成注册。

3. 公众号装修

公众号装修包括名称、头像、账号简介、菜单设计等几个方面。

(1) 起一个好名字。一个好名字要符合以下3个原则。

① 降低认知成本,让受众一看就能懂。

② 降低传播成本,名字要好写、好读、好记。

③ 占领用户心智,让用户自动将名字和行业、领域、产品品类进行绑定。

(2) 设计突出醒目的公众号头像。可以用账号名字做头像,背景色为品牌色,适用于企业媒体;也可以用个人真实头像、漫画头像及账号IP漫画形象,适用于自媒体,还可以用品牌Logo。头像的设计标准是极简风格,便于用户记住。

"罗辑思维"使用"罗胖"的个人真实头像作为公众号头像,让受众看到头像就能清楚地知道这是哪个公众号(图2-4)。

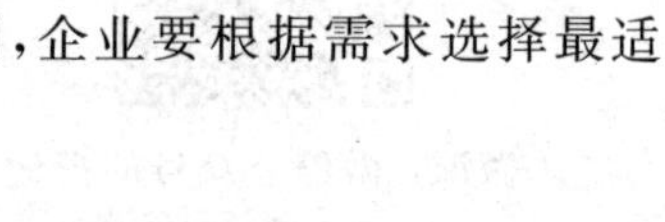

图2-4 罗辑思维

(3) 宣传品牌的公众号简介。简介要符合两个标准:①看得懂,易于传播;②能帮助用户做决策。

可以遵循以下4个技巧:①强调功能价值;②强调内容的专业性和服务形式;③强调行业影响力和权威性;④强调使命、理念、价值观、人生观等。

"罗辑思维"的公众号简介强调了账号的功能价值和内容的服务形式，让人一目了然（图 2-5）。

（4）设计高点击率的菜单。公众号的菜单可设计内容入口、变现入口、服务入口和联系入口，也可根据自身情况设计其他入口。例如，"罗辑思维"的菜单栏设计了内容入口、变现入口和服务入口（图 2-6）。

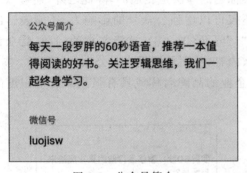

图 2-5　公众号简介

图 2-6　菜单栏

内容入口：历史文章｜爆款合集｜搜索。

变现入口：电商入口｜课程入口｜产品入口｜社群入口｜咨询入口。

服务入口：根据变现模式和运营机制，站在用户角度设置。

联系入口：商务合作｜转载授权｜征稿启事｜约采访｜招聘｜社群｜互推。

其他入口：根据自身情况灵活设置。

微课：微信公众号的内容输出及推广

公众号的设计不是一成不变的，需要定期优化形式、更新内容，分清主次，形式不要太花哨，重点是要做好内容，崇尚务实，讲究实用，用优质的内容来吸引受众。

4. 公众号的内容生产

"罗辑思维"倡导"有种、有趣、有料"的内容，是微信内容营销的典范（图 2-7）。"新媒体时代，平台受众数与媒体的影响力和市场占有率是正相关关系，做好内容才能将用户黏住，才能吸引广告商，从而达到赢利的目的。"[8]

微信公众号的内容生产包括策划选题、设计标题、撰写内容、图文排版 4 步。

图 2-7 "罗辑思维"的内容口号

1）策划选题

（1）紧跟用户需求和痛点，细分用户群体，回到用户真实的场景中。例如，《上新特惠｜"得到阅读器"内胆包，终于来了！》。

（2）借势热点。例如，"罗辑思维"借力母亲节推出的这篇文章——《母亲节｜6款按摩好物，送给辛勤的她》。

（3）紧跟同行。时刻关注同行、竞品账号，获得灵感。

2）设计标题

微信公众号文案标题的写法与新媒体文案标题的写法是相通的，除此之外，还可以通过在标题中添加独特的格式来写作标题。这样不仅可以增强公众号的影响力，还能表达出公众号的个性特色。例如，在标题前或标题后用"｜"隔开（图 2-8），这篇文章的标题，受众在看到标题时就能快速分辨出该文章分享的是什么内容，从而加深受众对公众号的印象。

在强化品牌时，还可在标题中加入个人或企业的品牌名称或具有强烈品牌辨识度的词语，如图 2-9 所示，"罗辑思维"的"罗胖60秒"。

图 2-8　标题后用"｜"隔开

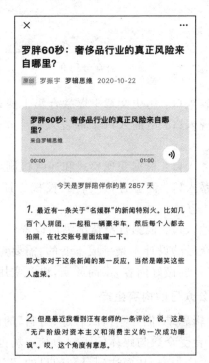

图 2-9　具有品牌辨识度的标题

3）撰写内容

（1）开头。开头怎么写才能迅速锁定读者注意力,激发用户阅读兴趣,让读者继续往下看文章呢？可以选择以下几种开头方式：表明观点,亮出态度,或者描述痛点,戳中读者,也可以提出疑问,激发好奇,还可以引发共鸣,增加认同,或者开门见山,直接说事。文章开头用开门见山的形式抛出问题,激发读者的阅读兴趣（图2-10）。

图 2-10　开头

（2）行文。行文是公众号文章的主体,要给予读者好的阅读体验。要改善读者的阅读体验需要注意以下几点。

首先,语言要流畅,文字要浅显易懂。

其次,要让受众产生强烈的代入感和参与感。如图2-11所示,文章描述了职场人在工作中面临的困境,让读者身临其境,产生强烈的代入感,阅读兴趣也就高涨了。

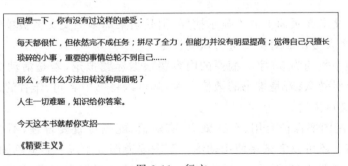

图 2-11　行文

（3）结尾。结尾可以提炼核心,总结全文；也可以强调观点,引发站队；还可以抛出话题,引发讨论；或者用名人金句,制造共鸣。如图2-12所示,"罗辑思维"这篇文章的结尾,就引用了金句。

4）图文排版

排版的总体原则是风格固定、简约美观、结构清晰。

图 2-12 结尾

微信公众号封面图

（1）封面图。公众号的封面图一般是能代表内容或产品的图片，如果推送内容比较多，可以分不同系列设计对应风格的图片；也可以使用一些趣味性、带有独特标志的图片、个人独特的形象图或带有公众号特有标识、标签的图片。视觉焦点一定要在图的正中，尽量多用颜色更深、更亮的图片。

（2）摘要。摘要是文案封面图下面的一段引导性文字。用户使用手机阅读时，摘要可以一眼看出文章的主要内容，或提出具有吸引力的问题，增加用户点击率和转发率。一般摘要会显示在单图文列表页面，多图文则没有（图2-13和图2-14）。

图 2-13 单图文

图 2-14 多图文

虽然多图文文案在页面上并不显示摘要，但是当某篇多图文文案被单独分享后，也会显示摘要，所以文案人员还需对摘要进行认真设置。

微信摘要的字数约为50字。摘要的内容要根据标题拟定，若是活动文章，可将额外优惠作为摘要来吸引受众；若是推书的微信文章，就可以将书中名句、作者的话、别人的评价等设为摘要，紧扣文章主题。

（3）配图。配图要保证有用、有感染力、有颜值，配图位置要合理，不能破坏阅读体验，尽可能均匀分布。还可以尝试多使用动图。配图要遵循3个统一：主色调统一、风格统一、宽度尺寸统一。如图2-15所示，文章使用推荐的书目封面作为配图，让读者清楚地知道推荐的是哪本书，突出配图的功能和作用。

（4）文字排版。

① 内容模块化，可用小标题概括。

② 段落标准化，一段文字最好不超过8行。

③ 字体字号规范，最好用默认字体，正文用14~16号字体，小标题用16~18号字体。

④ 文字配色规范，正文用黑色，注释用灰色，品牌色用亮眼的彩色。

⑤ 重点突出技巧，如字体加粗，字号加大，标注颜色。如图 2-16 所示，文章用序号将段落隔开，字体加粗突出重点，文字排版规范。

图 2-15　配图　　　　　　　　　　图 2-16　文字排版

排版完成，确定文章内容没有问题就可以发布了。但要注意发布的时间，一般来说，可以选择中午休息时间或晚上下班后，因为用户有更多空余时间阅读。发文时间还要考虑文章的内容类型，11:00 之前适合发布轻松搞笑的短文章；20:00—21:00 可以发布有深度的长文。参考文章可扫描页边二维码阅读。

如何在工作中做的更少，但效果更好

5. 公众号的推广方法

自 2012 年上线以来，微信公众号的数量得到了迅速增长，在 2018—2020 年，公众号的点击率也有所下降，于是开始使用加码推文的文末连续阅读模式，允许插入短视频、视频号、小程序等，将用户的视线重新拉回推文，推动流量沉淀和消费转化。"品牌可以利用微信公众号内容上和形式上的丰富多彩来激发受众的兴趣，吸引受众的关注和互动。"[9]企业应该如何最大限度地获取流量呢？主要有以下 6 种推广方法。

（1）用已有账号推广。内容转移或开拓新账号时，可以通过旧账号转载新账号文章，可以在已有账号菜单栏推荐新账号，或者在已有账号的关注自动回复推荐新账号，也可以在已有账号推文的阅读原文链接里推荐新账号，还可以在已有账号推文的评论区置顶首条评论推广新账号。

（2）用公司的其他内容平台推广，利用好原有平台的忠实老用户，做新账号推广。

（3）线下用户引流到线上。例如，在实体店内放置公众号二维码、扫街派单关注公众号送礼物，在手机屏保、户外广告等渠道上放置公众号二维码进行引流。

（4）借助其他平台组织策划线上活动，找自带用户的平台做线上活动，把参与活动的用户转化为自己的用户，例如，通过在各大分享平台做知识分享吸引用户。

（5）微信好友、微信群和朋友圈推广。撰写一段推荐文案或做一张海报，把公众号推荐到自己的微信群、微信好友、朋友圈。

（6）付费推广。借助 KOL、行业公众号推广，这种推广方式简单粗暴且相对效率较高，要找到能精准对应用户群体的公众号进行推广。

公众号运营一段时间后，企业还需要利用数据分析工具分析后台数据，通过数据分析来反馈营销效果，及时做出调整优化。

在市场经济环境中，企业往往片面追求经济效益，而忘记了自身的社会责任，在内容营销和推广时要保证真实性和准确性，尊重消费者的利益，处理好经济效益和社会效益的关系。

（三）微信小程序营销

微课：微信小程序

随着品牌的线下营销增长受限，很多品牌方开启线下到线上的转型，从以货品服务为中心到以消费者为中心，微信小程序成为核心抓手。从 2017 年开始，微信营销重视内容营造，货品呈现形态更丰富，线上、线下共振，业务场景更多元。品牌企业大规模线上化迁徙，"＋小程序"成为消费生活新方式（图 2-17）。

图 2-17　微信小程序营销

2020 年的疫情加速了社会数字化进程，小程序轻量、便捷等特点在社会生活、商业等领域价值突显（图 2-18）。

政务类微信小程序在疫情防控管理等方面发挥重要作用。如图 2-19 所示，国务院客户端小程序及时上线防疫行程卡、疫情风险查询及核酸检测等相关服务，用户使用次数上升明显。

1．小程序的概念

小程序（Mini Program）是一种不需要下载安装即可使用的应用，由腾讯于 2017 年 1 月 9 日首次推出。小程序帮助用户实现了应用"触手可及"的梦想，也体现了"用完即走"的理念。

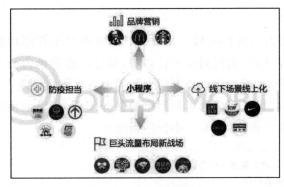

图 2-18　小程序的特点

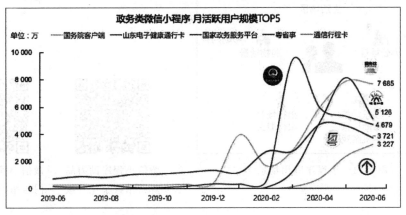

图 2-19　政务类小程序

截至 2020 年 9 月，十万级以上的微信小程序数量已达到 4418 个，月活用户达到 8.32 亿，日活跃用户超 4.1 亿，渗透率为 85.4%。用户对于小程序的使用程度也在进一步加深。如图 2-20 所示，微信小程序月人均使用次数为 51.4 次，月人均使用时长为 68.1 分钟。如图 2-21 所示，小程序在办公商务、移动购物、出行服务、生活服务、移动视频、手机游戏等维度，满足用户需要，其中生活服务、办公商务、移动购物是用户活跃度最高的行业。

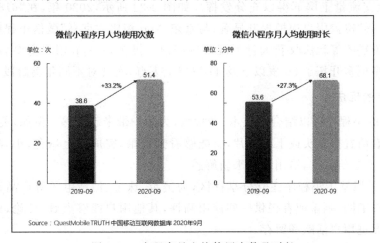

图 2-20　小程序月人均使用次数及时长

2. 小程序的功能

(1) 微信小程序助力品牌营销数字化升级。企业微信小程序功能多样,餐饮类小程序点餐与会员活动小程序联动,实现同步增长趋势;通过小程序助力会员积分兑换、优惠券发放等营销活动数字化升级;通过选取青春活力的偶像明星作为代言人,提升在年轻用户中的转化率;"小程序＋外卖"提升用户到店和到家的服务闭环,凭借微信的强大社交属性,好友拼单等个性化定制服务应声上线,增添小程序新玩法。

图 2-21 小程序应用场景

微信小程序助力品牌营销数字化升级

微信小程序助力线下门店拓展线上新渠道

(2) 微信小程序助力线下门店拓展线上新渠道。疫情对线下服务场景冲击较大,微信小程序促使线下场景转移到线上,服装类线下门店线上流量明显增多。小程序直播具备公域流量转化形成私域商业闭环的优势,成为线下品牌店开拓线上业务的新渠道,李宁、安踏、鸿星尔克等服装品牌通过小程序直播进行新品发布及售卖,视频、音乐等多渠道引流契合用户兴趣属性偏好。

(3) 微信小程序助力巨头获取新流量。电商竞争在微信小程序领域开辟新战场,拼购模式在微信社交流量土壤下得以充分发挥。如图 2-22 所示,2020 年,在"618"电商购物节的推动下,"京喜"覆盖用户规模提升显著,与京东 App 相比,"京喜"微信小程序吸引了更多女性用户,低价拼团等玩法收获大量下沉市场用户。拼多多 App 用户主要为 31~40 岁中年人群,小程序更多开拓了 30 岁以下及 41 岁以上人群,实现对不同年龄阶段用户的覆盖。

3. 小程序的玩法

(1) 商家的小程序可以结合新技术、新玩法,为用户带来新鲜感。例如,美妆商户的 AR 试妆,用户开启前置摄像头或上传照片,就能够看到效果,完成线上试色;小程序礼品卡,为用户提供礼品卡送给好友,给用户带来新鲜感。

(2) 商家可以基于小程序建立分享社区,为美妆、珠宝、消费电子等产品营造较强的分享场景,供用户晒图、晒单或者提供一些使用测评,其他用户能够点赞、评论,建立互动社交的平台,以此促进用户活跃和留存。

(3) 通过小程序直播、产品展示、商品分类、商品搜索、购物车、在线客服等功能,使线下

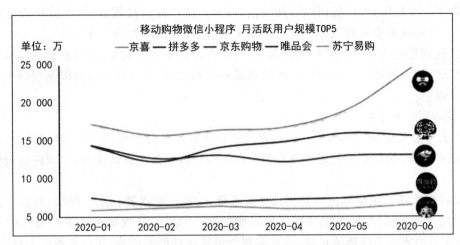

图2-22 移动购物微信小程序月活跃用户排名

场景线上化。

（4）通过拼团、秒杀、优惠券、抽奖、小游戏、新人礼包、会员积分体系、试用装申领等服务与玩法，助力品牌营销，提升流量转化，促进店铺粉丝的活跃和复购。

（5）2020年7月，微信小程序开始测试转发朋友圈以及主动为用户推送消息，对于拥有8亿DAU流量的朋友圈来说，无疑会给小程序的流量带来进一步的提升。

AR试妆和礼品卡

社区互动

小程序直播

新人礼包

转发朋友圈

"微信小程序依托其巨大的流量势能和去中心化的分发规则，充分挖掘私域流量的潜力，建立起了以社交场景为核心的服务体系和生态闭环。"[10]微信小程序与公众号、朋友圈、视频号等其他微信生态相互嵌套，通过导流、社区、支付、通信等功能实现内部循环，并与各垂直服务行业实现外部联动，为商家打造了一个开放式的服务平台。

商家设计小程序时要基于对用户的尊重，在最大限度地顺应和支持业务需求设计的同时，提供友好、高效的用户体验，实现用户与程序的共赢。

（四）微信视频号营销

1. 视频号简介

1）视频号的概念

微信视频号于2020年1月21日开启内测，是微信生态战略级产品，是连接内容与交易的重要窗口，也是一个可以记录和创作微信短内容的平台。

微课：微信视频号

截至2020年年底，视频号日活用户突破2.8亿，视频号总数超过3000万，平均用户日均使用时长19分钟。在1月19日的"微信之夜"上，微信事业群总裁、"微信之父"张小龙披露相关数据：每天有10.9亿用户打开微信，3.3亿用户进行视频通话，上传发表短视频达1亿条![11]这些数据意味着视频号将持续高速发展，释放出巨大的商业价值。

微信视频号的内容以图片和视频为主，可以直接在手机上发布，支持点赞、评论，也可转发到朋友圈、聊天场景。一个微信号可以创建一个视频号，企业或机构可以使用非私人微信号进行开通。

2）视频号的核心特征

（1）去中心化流量。视频号是人人都可以记录和创造的平台，是全开放的平台，基于社交关系分发模式，所有品类的优质内容都可以被用户以平等的方式发现，实现内容去中心化分发。

（2）社群重构。视频号内容基于社交关系链，如朋友圈点赞、分享、群聊，微信每天有近8亿用户进入朋友圈，超过1亿的用户发表朋友圈。如果一条视频号内容短时间内评论很多，那么这条内容就会被持续扩散，以此实现微信社区社群的重构，从以往的熟人社交群、微信关系群，逐渐发展为以视频号内容为兴趣关系纽带的社群，社群生态不断丰富。

（3）直播内容交互。微信生态从简单的图文进化到短视频、直播为纽带的内容交互，信息传播密度增大，分享更加便捷，进一步提升微信的营销体系和信息传播的效率。

3）视频号的优势

视频号在2020年12月开始打通商家小程序，商家通过视频号进行直播带货，在购物车上架商品链接，跳转小程序完成交易。

视频号基于独特的"熟人社交圈层＋算法结合的推荐机制"，在算法类短视频平台前形成更强的竞争力，直接威胁到了抖音与快手的地位。[12]视频号对比快手抖音的优势在于微信庞大的流量池供给；视频号首先定位于朋友推荐，再有关注和推荐，社交属性明显；内容可以被更多人看到，通过朋友点赞的传递效应，即便不是KOL博主，依然可以收到可观的播放量；成熟平台的拍视频经验转向微信更具有内容优势。

2. 创建视频号

打开微信，点击"发现"按钮，选择"视频号"选项，点击屏幕右上角的小人头图标。在打开的界面中点击"发表新动态"按钮，在弹出的"创建视频号"界面中按照操作步骤输入相关的头像、名字、性别、地区等基本信息之后，就可以轻松完成视频号的创建工作（图2-23）。创建好视频号就可以"发表视频"或"发起直播"。

3. 发表动态

编辑视频时，可进行剪辑操作。在内容正式发布之前，可以选择封面、添加文案描述、"#"话题、微信全局触达、"@"提到、标记位置、扩展链接。

视频和图片的发布要求：短视频要求在1分钟内，尺寸为16∶9至6∶7；长视频要求30分钟内，可为横屏或竖屏；图片最多支持上传9张。

可以将发布的内容转发至朋友圈、聊天场景，并且在视频号内好友推荐和热门算法推荐下，发布的内容能被好友之外的人看到。

4. 视频号的玩法

（1）与公众号联动。品牌视频号可以选择与公众号联动，在视频号下方嵌入公众号链接，使得公众号有机会进入"公域流量池"，将"公域流量"转化为"私域流量"。

项目二　微信营销

图 2-23　创建视频号

（2）与小程序联动。将微信视频号与小程序联动，缩短内容种草到流量转化的链路。

（3）视频号直播。微信通过视频号直播，助力品牌实现裂变拉新和活动变现。

与公式号联动　　　　　与小程序联动　　　　　视频号直播

视频号和朋友圈一样，是嵌在微信中的，拥有国内非常广泛的用户和内容生态圈，现在它可以链接公众号，视频号未来可以全方位打通微信生态圈的流量矩阵之间的互联互通，这是其他平台不具备的。[13]

视频号是微信的新生态，作为一名新媒体营销人员，要有互联网思维的商业嗅觉，洞察新变化，寻找新机遇，及时调整营销策略。

以上是微信生态的全部内容，作为一个目前"月活 12 亿"的社交平台，无论是微信的朋友圈、小程序、公众号、搜一搜等旧有功能，还是 2020 年刚推出的微信视频号，都为私域流量的沉淀提供了良好基础。

微信电商利用庞大的流量池，在视频号的引流下，将用户带入商家小程序完成购买，通过营销活动将用户引入微信社群或公众号，直接对接终端消费者，了解用户的真实诉求，保证用户的活跃和留存，方便对私域流量进行沉淀。

微信生态成功搭建"私域用户池"，以个人、企业微信号完成触达，以微信群、朋友圈、视频号完成维护和种草,用公众号和小程序商城承载流量和用户,在小程序商城、小程序直播中完成转化。通过这样一个从触达到"种草"再到转化的完整过程,企业成功实现品牌营销。

自我练习

一、单选题

微信社群营销的第一步是( )。
A. 社群管理　　　　B. 社群引流　　　　C. 社群变现　　　　D. 社群定位

二、多选题

1. 微信生态主要包括( )。
   A. 公众号　　　　B. 小程序　　　　C. 视频号　　　　D. 微信社群
2. 主流的社群变现渠道的有( )。
   A. 广告收入　　　　B. 社群电商　　　　C. 知识付费　　　　D. 咨询变现
3. 微信公众号的四种类型( )。
   A. 订阅号　　　　B. 服务号　　　　C. 企业微信　　　　D. 小程序
4. 微信小程序的应用场景主要有( )。
   A. 生活服务　　　　B. 办公商务　　　　C. 移动购物　　　　D. 出行服务
5. 玩转小程序的方法主要有( )。
   A. 结合新技术、新玩法,为用户带来新鲜感,例如美妆商户的 AR 试妆
   B. 建立分享社区,供用户晒图、晒单或者提供一些使用测评
   C. 产品展示、商品分类、商品搜索、购物车、在线客服、直播等
   D. 拼团、秒杀、优惠券、小游戏、新人礼包、会员积分体系、试用装申领等服务与玩法

三、判断题

1. 微信分为企业微信和个人微信。(　　)
2. 微信群成员可达 500 人。(　　)
3. 搜一搜是品牌营销的工具,更是消费落地的场景。(　　)
4. 微信公众号的文章没必要设置摘要。(　　)
5. 微信公众号的文章配图主色调要统一。(　　)
6. 微信公众号发文时间要考虑文章的内容类型,11:00 之前适合发布有深度的长文;20:00—21:00 可以发布轻松搞笑的短文章。(　　)
7. 微信小程序是一种不需要下载安装即可使用的应用。(　　)

项目三

抖音短视频营销

作为由今日头条 2016 年 9 月推出的一款短视频分享软件,抖音已经成为字节跳动系的排头兵,领跑着国内主流的短视频平台。目前,抖音短视频营销是大多数企业开展新媒体营销必争之地。通过完成本项目任务,可以初步掌握抖音短视频营销概述、抖音的平台规则和推荐机制、账号搭建、内容选题策划、内容运营推广、引流变现和数据分析等基本知识和技能,胜任与抖音短视频营销相关的工作。

项目任务书

课内学时	4	课外学时	持续 2 周,累计不少于 4 周
学习目标	\multicolumn{3}{l}{知识目标 1. 了解抖音平台的优势和短视频营销的概念 2. 了解抖音平台的人群画像和推荐机制 3. 掌握打造企业号人设的要点和企业号风格内容分类 4. 掌握企业短视频的选题创意方向 5. 掌握短视频站内推广和站外推广的基本方法 6. 了解抖音盈利变现的方式 技能目标 1. 能理解抖音平台规则并注册和认证个人账号和企业账号,并且根据平台要求、行业特色和企业风格等设置平台主页等基础信息 2. 能够根据企业的人设风格和营销目标确定选题创意 3. 能熟练应用抖音短视频推广的站内推广和站外推广的基本方法 4. 能根据抖音的后台数据进行数据收集与初步分析 思政目标 1. 维护抖音平台健康和谐发展的网络环境,营造风清气正的社区生态 2. 培养尚善尚美、传播正能量、服务地方经济的意识 3. 内容选题策划中培养创新能力}		
项目任务描述	1. 组建团队 2. 个人抖音账号规划 3. 企业抖音短视频内容策划 4. 企业抖音短视频内容推广		

续表

课内学时	4	课外学时	持续2周,累计不少于4周
学习方法	1. 听教师讲解相关知识 2. 看在线视频资料自学或复习 3. 动手实践		
所涉及的专业知识	抖音短视频营销概述、抖音的推荐机制、账号搭建、内容选题策划、内容运营推广、引流变现和数据分析		
本任务与其他任务的关系	本任务与其他新媒体平台任务都是搭建新媒体营销矩阵的重要组成部分		
学习材料与工具	学习材料:1. 项目任务书后所附的基本知识 　　　　　2. 在线视频资料 工具:项目任务书、任务指导书、手机、计算机、笔		
学习组织方式	部分步骤以团队为单位组织,部分步骤以个人为单位组织		

 任务指导书

完成任务的基本路径如下。

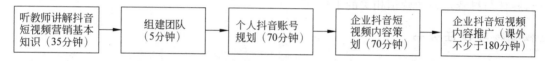

第一步,听教师讲解抖音短视频营销基本知识。

第二步,组建团队,填写团队任务分工表3-1。

表3-1 任务产出——团队任务分工

人员	组长	成员1	成员2	成员3	成员4	成员5
姓名						
分工						

注:所有人在完成本人负责部分任务的同时应该使总任务达到最优效果。

第三步,个人抖音账号规划。以团队为单位,对团队成员的抖音短视频账号搭建情况进行打分、评价,之后总结一下效果最好的一位同学,并分析好的原因,填写账号规划情况分析表3-2。

表3-2 任务产出——个人抖音账号规划情况分析

项目	组长	成员1	成员2	成员3	成员4	成员5
头像						
昵称						
账号简介						
视频封面						
内容风格						

续表

项目	组长	成员1	成员2	成员3	成员4	成员5
账号规划后的截图						
成员评价排序（由高到低）						
账号规划最好的是： 原因分析：						

注：所有人在完成本人负责部分任务的同时应该使总任务达到最优效果。

第四步，企业抖音短视频内容策划。以小组为单位，为山东日照祥路碧海茶业有限公司开展抖音短视频内容策划与制作，首先根据目标用户和营销目标讨论确定内容选题创意，然后利用手机软件拍摄制作15秒短视频，在个人账号发布作品一周后进行自我点评，最后以小组为单位将制作内容进行展示和汇报。组长负责填写表3-3所示抖音短视频内容策划自我点评。

表3-3　项目任务产出——抖音短视频内容策划自我点评

1. 我们组的短视频内容是＿＿＿＿，选题创意方向是＿＿＿＿。 2. 我们组常使用的拍摄手法和展现手法是：   3. 询问至少三位短视频粉丝，了解他们针对自己小组制作的短视频的印象。 近一周播放数量：＿＿＿＿ 粉丝评价1：＿＿＿＿＿＿＿＿＿＿＿＿＿＿＿＿＿＿＿＿＿＿ 粉丝评价2：＿＿＿＿＿＿＿＿＿＿＿＿＿＿＿＿＿＿＿＿＿＿ 粉丝评价3：＿＿＿＿＿＿＿＿＿＿＿＿＿＿＿＿＿＿＿＿＿＿ 4. 对自己发的短视频，粉丝评论刷的最多的是什么，简单分析一下为什么会有这种印象？

第五步，企业抖音短视频内容推广。运用所学到的短视频知识，在企业短视频上传和发布作品一周之后开始运用小组成员个人抖音账号进行内容推广，包括站内推广和站外推广。个人推广作品一周后对小组成员进行点评。组长负责填写抖音短视频内容推广点评表3-4。

表 3-4　项目任务产出——抖音短视频内容推广点评

项目	组长	成员1	成员2	成员3	成员4	成员5
推广方式						
推广目的						
活动时长						
点赞量						
评论量						
完播率						
转发量						
内容推广效果最好的是：						
原因分析：						

项目任务评分标准及评分表

"抖音短视频营销"任务评分标准及评分表（总分100分）

学生姓名：_____

任务产出	团队分工表	个人抖音账号规划		抖音短视频内容策划		抖音短视频内容推广		总计
		评分标准（30分）	实际得分	评分标准（30分）	实际得分	评分标准（30分）	实际得分	
评分标准	10分	头像（6分）		选题创意方向（10分）		点赞量（6分）		总计
		昵称（6分）		近一周自然播放量（10分）		评论量（6分）		
		账号简介（6分）		是否符合抖音的社区自律公约（10分）		分享量（6分）		
		视频封面（6分）				播放量（6分）		
		内容风格（6分）				产品销量（6分）		
实际得分								

基本知识和技能

一、抖音简介

根据所属主体的不同，目前国内主流的短视频平台可以分为十大派系（图3-1）：字节跳动系、腾讯系、阿里系、快手系、新浪系、网易系、百度系、B站系、美图系和360系。其中，字节跳动系领跑短视频赛道。在字节跳动系里面，抖音是排头兵，许多企业和个人选择抖音平台开展短视频营销。

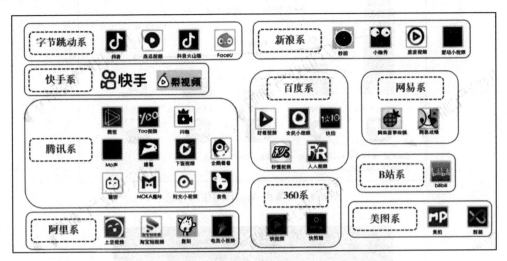

图 3-1 中国短视频行业十大派系

抖音是今日头条旗下一款于 2016 年 9 月上线，具有垂直精准定位的"去工具化、去中心化"音乐创意移动短视频社交平台软件。它是一个专注服务于年轻用户群的短视频社区，发展口号为"记录美好生活"，具备让用户自由选择歌曲并拍摄短视频的功能，在这个平台上，用户可以随性创作。[14]

抖音短视频营销是指企业和个人借助抖音这一平台，通过短视频账号的运营实现电商变现、品牌曝光、口碑传播和价值宣导的过程。

抖音之所以在短视频营销阵地中成为最重要的渠道，主要有 3 个原因。

1. 抖音日活和月活体量非常大

截至 2020 年 1 月，全国手机网民总人数高达 9 亿，抖音日活用户突破 4 亿（图 3-2），月活突破 6 亿，巨大的流量体量给个人和商家都带来了营销红利。

2. 抖音用户的使用时长非常突出

根据极光数据统计，2019 年 1 月—2020 年 3 月，抖音日均使用时长已达到 360.4 亿分钟（图 3-3）。

3. 几乎零成本的内容分发和商业营销服务

现阶段流量红利期已过，流量成本已经越来越高。而在抖音，企业可以用很低的成本甚至零成本进行营销和商业服务，快速实现线上品牌打造（图 3-4）以及个人 IP 孵化。

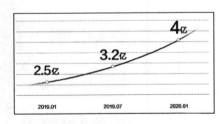

图 3-2 抖音日活跃用户数

二、抖音用户

根据 QuesMobile 机构 2020 年 1 月采集的抖音报告数据，抖音的整体人群画像如图 3-5 所示。

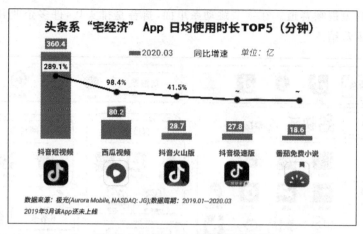

图 3-3　头条系 App 日均使用时长

图 3-4　抖音＋企业认证

图 3-5　抖音人群画像

综合来看,抖音用户存在以下特征:男女较均衡;男性19~24岁、41~45岁的用户偏好度高,女性中19~30岁用户偏好度高;全国所有省份中,广东、河南、山东占比高;全国所有城市中,郑州、西安、昆明的用户偏好度高;高线城市中,19~30岁的用户偏好度高,低线城市中,19~35岁用户偏好度高;"95后"中男性占比略高,"90后"中女性占比高,"85后"中女性占比高,"80后"中男性占比高,"80前"用户中男性占比高;新一线、三线及以下城市偏好度高;每天8:00—20:00活跃度更高,晚高峰为20:00;周末时间从9:00—17:00更活跃,工作日时间19:00—23:00更活跃。

三、抖音的平台规则和推荐机制

1. 抖音社区自律公约

个人和企业在进行抖音短视频营销之前,首先要了解抖音平台的规则——抖音社区自律公约。作为由用户共建、共治、共享的网络社区,抖音是一个供广大用户记录和分享美好生活的互联网平台。抖音社区自律公约的制定是为了维护有利于抖音平台健康和谐发展的网络环境,营造风清气正的社区生态。抖音社区自律公约可以在抖音的"设置"功能里面找到(图3-6)。

抖音社区自律公约主要内容包括:①坚持和弘扬正确的价值观;②遵守共同的行为准则;③承担保护未成年人的社会责任。

新媒体营销从业者要严格遵守抖音社区自律公约。一旦触碰红线,轻则限流、降权、屏蔽部分功能,重则封号数日,甚至直接删除账号。2018年,抖音作者温某,因为跳了一首"古驰蹦迪舞"而红爆整个抖音,后因炫富和辍学等负面问题违反抖音网络社区自律公约,造成恶劣的社会影响,最终导致其抖音账号被平台删除。

图3-6 抖音社区自律公约

2. 抖音的推荐机制

抖音虽然是一款强社交性的短视频平台,但其内容的分发机制与微信公众号、微博等媒体平台有很大的不同。抖音视频经过初步审核后开始进入倒三角流量池阶段,抖音短视频在基础流量池中的转发、评论、点赞和完播率数据情况较好的情况下会被系统自动识别为优质内容,并且在之前的流量基础上叠加更多的推荐流量。[15]最终出现在首页推荐流中的作品会经历以下3个阶段(图3-7)。

第一阶段,基础推荐流量池。视频发布成功后,抖音平台会先给予300左右的基础播放量,也就是初始流量。系统主要从四个维度来评价内容在流量池中的表现,然后结合账号分值来分析是否加权。

第二阶段,进阶推荐流量池。基础推荐流量池阶段的优质视频内容被加权后,平台会给予3000左右的播放量。数据好的视频可以获得更大的加权,平台会强化人群标签分发,让内容分发更加精准。之后,系统会选择优质内容经人工审核后进入精品推荐池。

第三阶段,精品推荐池。优质视频进入精品推荐池后,抖音平台会给予1.2万~5万的

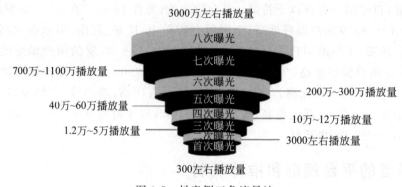

图 3-7 抖音倒三角流量池

播放量。这一阶段平台会继续分析视频的播放效果,判断是否符合条件继续提升流量池档次。以此类推,直到第八次曝光也就是全站推荐。

四、抖音营销技能

(一)账号注册与认证

1. 个人账号注册

手机端,应用商店搜索"抖音",下载安装。抖音个人账号可以使用头条、QQ、微信、微博账号及手机号码注册。

2. 企业账号注册与认证

(1)手机端注册一个个人抖音账号。

(2)进入设置页面,点击"账号与安全"进行"企业认证",填写认证资料,包括主题类型、行业分类、公司经营地、营业执照等信息。

(3)支付企业号认证费用,提交申请等待审核。一般公司申请信息审核通过后,2个工作日内即可开启认证。

另外,企业账号可以申请"蓝V"认证,认证后可实现品牌升级以及有效转化。它的用户权益如下。

① 官方认证标识。企业认证账号头像,能彰显企业身份,增加平台权威信用背书。

② 全昵称搜索置顶及锁定保护。企业昵称进行唯一性锁定,杜绝冒牌。

③ 自定义主页头图。确保用户抵达品牌主页时获得更加直观的品牌第一印象。

④ 平台同步认证。可实现与字节跳动系今日头条和火山视频两大平台同步认证,实现三大平台共振。

⑤ 专业推广服务。具体包括视频置顶服务、链接跳转服务、销售转化服务和营销洞察服务。

(二)企业号的基础规划

完成企业号的账号注册与认证之后,企业还有一个非常重要的工作就是要进行企业号的基础规划,包括打造企业号人设,打造企业号风格和确定企业号的内容分类。

1. 打造企业号人设

"人设"是人物设定的简称,包括人物的基本设定,简单来说就是创造一个完整的人物。[16]它包括人物的姓名、年龄、身高等的基本设定和出生背景、成长背景设定等,打造成功的人设关键在于是否展现出引发观众互动的性格特征。打造成功人设的要点如下。

(1)账号简介要简练、直白地体现鲜明个性。

(2)视频封面要展现人设统一性和可信度。

(3)视频内容制作以符合人设作为基本原则,切忌单纯追求热点。

(4)评论互动多用口语化、幽默的语言,私信互动注重解答的专业性和权威性。

2. 打造企业号风格

如图3-8所示,企业号风格总体分为4类。

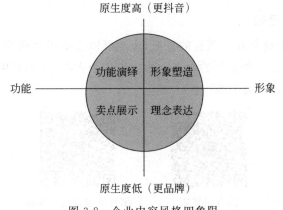

图3-8　企业内容风格四象限

(1)功能演绎类。此类视频原生度较高,主要运用抖音热门的手法进行创作,目标用户接受度很高。

(2)形象塑造类。此类视频非常原生,比较有利于重新塑造或传播企业和品牌形象。

(3)理念表达类。没有过多的抖音风,基本延续自己的品牌调性和标签。

(4)卖点展示类。此类视频略区别于功能演绎,偏向于在同类产品比较中挖掘产品的独特性。

(三)内容选题策划

在进行必要的基础规划之后要进行的重要工作就是按照人设和风格进行内容选题策划。

与个人抖音短视频爱好者不同,企业新媒体营销团队必须围绕企业的营销目标进行选题创意。优质的选题往往生成既受到用户喜欢,又能巧妙地传递企业的产品信息或品牌理念的短视频内容。常见的企业级抖音短视频的内容选题创意包括以下七大类别。[17]

1. 挖掘话题,直接展示

如果企业的产品具备非常有趣的功能属性且自带话题性,那么直接展示产品即可。

例如，某"网红洗衣神器"体积小、效率高，巧妙地解决了用户"洗衣机清洗小件衣物费水费电"的问题。由于该洗衣神器具有极强的话题性，因此一经直接展示，便引来大量网友的观看。

2. 策划周边，创意呈现

如果企业产品与同行产品的设计、性能差别不大，不具有话题性和趣味性，则可以考虑从周边产品入手寻找创意。例如，太原某酒馆在其周边产品——服务上进行创新，让服务员扮演成水浒和三国里面的角色，结果获得了大量点赞，吸引了大量网友前去酒馆探店。

3. 挖掘用途，跨界延伸

除产品和周边产品外，企业也可以继续挖掘产品的跨界用途。例如，有商家突发奇想地研究出利用闲置纸尿裤充当一次性拖布的神奇用法，巧妙地打消了妈妈们担心买多了纸尿裤用不完的忧虑。

4. 聚焦特色，夸张呈现

如果产品具备某个或某几个独有的特征，企业可以尝试用夸张的方式呈现，便于受众记忆。例如，"永恒无墨"是一种铅笔的卖点。为突出这个卖点，主播采用了抄写几千粉丝名字的方式来呈现，引来100多万点赞。

网红洗衣神器

抖音网红店

闲置纸尿裤的新用途

"永恒无墨"铅笔

5. 剧情片段，尝试植入

为让用户更好地记住企业的产品，营销团队可以尝试把产品植入某个剧情或搞笑片段中。表面看起来只是一个片段，但营销团队在合适的场景中潜移默化地做了品牌植入，取得了很好的宣传效果。

例如，在抖音账号"叶公子"系列情景剧中，观众能看到女主使用"美宝莲fitme"乳液粉底进行化妆的场景，这就是该品牌成功的场景植入。

6. 结合热点，迅速吸粉

抖音中有很多热点事件。当事件发生时，新媒体营销人员可从不同的角度解读此热点，从而快速将大量用户的关注度转移到自身品牌。小型企业经常根据热门内容迅速制作和发布适合企业产品和品牌的视频。例如，抖音账号"温州商报"将之前刷爆朋友圈的《啥是佩奇》进行剪辑发布，就获得近263万的点赞、7万多评论、15.8万多次转发。

7. 曝光日常，传播文化

用户除关注产品质量、产品价格和服务水平外，往往还会对企业文化感兴趣。因此，企业完全可以在抖音中呈现办公室文化、员工趣事等。例如，小米手机官方抖音账号中经常会发布一系列办公室趣味视频，展现员工日常工作，但依然有大量网友围观。

抖音账号"叶公子"

抖音账号"温州商报"

抖音账号"小米手机"员工日常

内容选题策划之后,需要进行素材收集、脚本撰写、拍摄、后期剪辑、上传与发布等具体运营环节。

(四)内容推广

企业短视频上传和发布之后的重要环节是进行内容的推广。内容推广可分为站内推广和站外推广。

1. 站内推广

站内推广是指利用抖音平台的流量带动自身的抖音账号。由于站内推广引流的目标用户本身就是平台内的忠实用户,因而推广的精准度较高。

(1)关注大号和优质账号。关注本行业抖音头部大号的热门视频、新发布视频以及同行业的优质账号进行对标分析。

(2)利用抖音推广小号。企业员工开通多个小号,建立抖音账号矩阵专门用于推广主账号。使用小号参与主推账号的视频合拍并发布,从而借助多个小号的基础推荐流量,增加主账号的曝光度。

(3)高频次转发。站内多账号高频次转发可以增加视频的曝光度,从而吸引更多用户关注(图3-9)。

(4)使用视频DOU+。DOU+是抖音官方推出的通过付费来增加流量的方式,帮助品牌找寻合适的用户节省大量时间和精力(图3-10)。

图3-9 站内高频次转发

图3-10 DOU+投放后台数据

DOU+的具体优势是操作便捷、视频原生传播、互动性强、效果可视、内容优质,同时带动其他作品的播放量。投放期间注意及时回收数据,相应做出调整、优化。

2. 站外推广

站外推广是指利用抖音平台外部的流量来扩大品牌影响力。站外推广的方式具体如下。

(1) 视频平台一键分发。在国内外多个主流短视频平台注册账号,将已经在抖音上发布过的无水印原视频或视频链接,分发至微信、微博、QQ等非头条系的外部平台。

(2) 各网站同步发布视频。在目标用户聚集的抖音站外网站适当剪辑并且同步发布原视频、视频的封面截图或视频的链接等(图3-11)。

图3-11 各网站同步发表视频　　　　　抖音账号"牛肉哥严选"

(3) 社群推广。添加目标用户聚集的微信群和QQ群,在社群组织内发表与该账号视频有关的视频、观点或视频链接。

站内推广和站外推广有机结合,互为补充,缺一不可。

新媒体的运营推广是一件苦差事,常常被领导寄予厚望,所以运营人员需要具备极强的学习能力和抗压能力。

(五) 抖音号内容引流变现

目前抖音号的变现方式主要有以下几种。

1. 电商带货

目前,抖音电商是集短视频、直播、购物于一体的富媒体电商平台。抖音可以连接电商网店,也可以开通抖音小店,实现视频带货。抖音平台依靠庞大的用户数集聚了消费的主流力量,为电商引流带货是抖音变现的主要方式。

2. 微商变现

虽然抖音和微信相互限流,但是微信始终是抖音最好和最终的承接载体。把粉丝引导到微信里,组建社群,走社群营销的模式也是非常不错的转化方式。

3. 培训及知识付费

很多教育类账号在抖音平台发展很快,例如,抖音账号"周导聊商业"。周导主业是帮企业做企划案,2018年之前效果不好。后来通过抖音快速吸引到300多万粉丝,现在每个月举办多场线下与线上培训,抖音变现效果显著。

4. 直播变现

有一技之长的直播达人可以通过直播直接卖货。2020年,抖音内容和直播电商全面爆发。抖音全场景数据分析平台——飞瓜数据推出的"2020年度带货主播榜",罗永浩直播带货20.3亿元,坐实"抖音一哥"位置。

5. 广告变现

抖音达人接广告或者说为品牌定制内容,是目前抖音号非常重要的变现模式。抖音达人可以通过视频贴片、冠名口播、形象代言、互动贴纸、发起挑战等各种巧妙的方式进行品牌合作营销。2018年成都"小甜甜"因为一段街头采访的视频在抖音爆红。没过多久,她就接到了小米的代言广告。该视频点赞数超过百万,评论数转发量超过3万。

6. 实体店引流

实体店利用抖音做引流的案例越来越多。抖音里搜索有关海底捞的挑战话题,就会发现有超过1.7万的人参与,位列第一的视频点赞量达到上百万,转发量超过10万。海底捞面对这样一批粉丝,非但没有阻止,反而让服务员在一旁帮助参与挑战的抖友,最终既赢得了口碑,又通过附近的实体店引流获得了良好的收益。

抖音账号"周导聊商业"　　成都"小甜甜"代言小米手机　　海底捞的挑战话题

(五)抖音数据运营分析

在认证企业号主页上点击右上角"≡"图标进入企业服务中心,即可看到近7日企业号数据情况,点击"查看更多"按钮可进入移动端数据中心(图3-12)查看账号数据总览、企业数据、作品数据和粉丝数据。

图3-12　认证企业号移动端数据中心

自我练习

一、单选题

1. 在抖音账号"叶公子"系列情景剧中,观众能看到女主使用美宝莲 fitme 乳液粉底进行化妆的场景,这就是该品牌成功的( )。
   A. 场景植入　　B. 直接展示　　C. 跨界延伸　　D. 传播文化

2. 抖音全场景数据分析平台——飞瓜数据推出的"2020 年度带货主播榜",直播带货 20.3 亿元,坐实"抖音一哥"的是( )。
   A. 罗永浩　　　　　　　　　　B. 韩国媳妇大璐璐
   C. 朱瓜瓜　　　　　　　　　　D. 苏宁易购超级买手

二、多选题

1. 抖音短视频营销可帮助企业和个人通过抖音短视频账号的运营实现( )。
   A. 电商变现　　B. 品牌曝光　　C. 口碑传播　　D. 价值宣导

2. 抖音倒三角流量池阶段来分析视频是否值得被推荐主要参考的四个维度的数据包括( )。
   A. 点赞　　　　B. 评论　　　　C. 转发　　　　D. 完播率

3. 企业抖音移动端数据中心可查看近 7 日和近 30 日企业号抖音总体数据情况账号,具体包括( )。
   A. 企业数据　　B. 作品数据　　C. 粉丝数据　　D. 播放数据

三、判断题

1. 抖音上的人设一般只强调风趣幽默,吸引用户注意。　　　　　　　　　　　　( )
2. 抖音站内推广,顾名思义,就是利用抖音本身的平台的流量带动自己的抖音号。
　　　　　　　　　　　　　　　　　　　　　　　　　　　　　　　　　　　( )
3. 抖音站外推广顾名思义,就是利用抖音外部的流量来增加影响力。　　　　　　( )
4. Dou+是抖音官方推出的唯一通过购买增加流量的方式,可以为品牌找寻合适的用户,节省大量精力和时间。　　　　　　　　　　　　　　　　　　　　　　　( )
5. 实体店利用抖音做引流时需要注意在账号页面或作品中标注实体店的具体位置。
　　　　　　　　　　　　　　　　　　　　　　　　　　　　　　　　　　　( )
6. 把产品植入某个剧情或搞笑片段中在抖音短视频营销中效果不好。　　　　　( )
7. 如果企业的产品很有趣且自带话题性,那么很容易通过抖音直接展示。　　　( )
8. 标签型内容是企业抖音短视频主流玩法,注重关注量和点赞量。　　　　　　( )
9. 今日头条、火山小视频和抖音都属于头条系。　　　　　　　　　　　　　　( )
10. 企业号风格中卖点展示类和功能演绎类的区别在于强调同类产品对比。　　( )

项目四

淘宝直播营销

2019年,中国步入了直播电商快速发展的元年,淘宝直播作为直播电商的典型代表,也呈现出爆发式增长的态势。2020年的天猫"双11",淘宝直播继续保持了高速增长,将近3亿用户涌入直播间,淘宝直播的成交总额同比翻一番以上。通过完成本项目任务,可以初步掌握淘宝直播概述、淘宝直播平台规则、淘宝直播浮现权、淘宝直播入驻和淘宝直播中的"人"、淘宝直播中的"货"与"场"、淘宝直播的内容策划、淘宝直播的引流推广和数据分析7个方面的知识和技能。

 项目任务书

课内学时	4	课外学时	持续2周,累计不少于4周
学习目标	知识目标 1. 了解直播平台的分类和淘宝直播的分类 2. 了解淘宝直播平台新媒体营销的流程 3. 了解淘宝直播平台的人群画像、推荐机制和提升影响浮现权权重维度的方法 4. 掌握优秀主播的打造技巧 5. 掌握直播带货选品的方法 6. 掌握目前常见的直播供应链玩法 7. 掌握淘宝直播运营推广的基本方法 8. 了解淘宝直播数据分析的几种方式 技能目标 1. 能熟悉直播平台的开通流程,在淘宝主播直播平台注册并认证账号,设置头像、昵称、主播专业等内容,完成线上直播间装修 2. 能根据直播促销计划,修改商品价格,设置满减、优惠券、赠品等促销活动 3. 能根据商品历史销售数据、口碑表现、商品优惠力度和目标用户需求等数据,评估并挑选直播商品 4. 能根据直播主题、商品类目、活动类型,结合场地大小,划分直播区、货品准备区、设备放置区等,布置直播背景,调整环境灯光,完成线下直播间的搭建 5. 能根据目标客户、产品定位、话题素材和商品资料,结合直播策划和流程,确定活动主题,编写直播脚本初稿		

续表

课内学时	4	课外学时	持续2周,累计不少于4周
学习目标	6. 能根据直播脚本,在规划时间内完成直播各环节,把控直播节奏 7. 能根据直播预热物料形式,选择微信、微博、短视频平台、直播平台等渠道,结合不同平台特点,针对性预热引流 8. 能根据直播脚本,使用直播话题、抽奖等互动工具,提升直播间粉丝活跃度 9. 具备初步的信息提取和整理能力,能采集观看人数、在线时长、新增粉丝数、销量、销售额等直播数据,以及转发量、曝光量、点赞量等宣传推广数据,初步处理直播数据,并分析销售目标达成情况 思政目标 1. 学习《中华人民共和国电子商务法》《中华人民共和国广告法》,具备法律、法规意识 2. 认识设立辨识度高,不被轻易取代的主播人设的重要性 3. 具备直播前、中、后运营团队合作能力		
项目任务描述	1. 组建团队 2. 淘宝主播入驻 3. 撰写直播脚本 4. 淘宝直播实战		
学习方法	1. 听教师讲解相关知识 2. 看在线视频资料自学或复习 3. 动手实践		
所涉及的专业知识	淘宝直播概述、淘宝直播平台规则、淘宝直播浮现权、淘宝直播入驻和淘宝直播中的"人"、淘宝直播中的"货"与"场"、淘宝直播的内容策划、淘宝直播的引流推广和数据分析		
本任务与其他任务的关系	本任务与其他新媒体平台任务都是搭建新媒体营销矩阵的重要组成部分		
学习材料与工具	学习材料:1. 项目任务书后所附的基本知识 　　　　　2. 在线视频资料 工具:项目任务书、任务指导书、手机、计算机、笔		
学习组织方式	部分步骤以团队为单位组织,部分步骤以个人为单位组织		

 任务指导书

完成任务的基本路径如下。

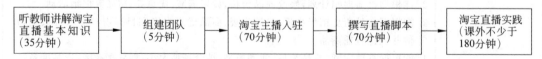

第一步,听教师讲解淘宝直播基本知识。

第二步,组建团队,填写团队任务分工表4-1。

表 4-1 任务产出——团队任务分工

人员	组长	成员 1	成员 2	成员 3	成员 4	成员 5
姓名						
分工						

注：所有人在完成本人负责部分任务的同时应该使总任务达到最优效果。

第三步，淘宝主播入驻。以个人为单位，下载淘宝主播 App，注册淘宝主播账号，并将头像、昵称和主播专业等信息填入表 4-2 中，并对淘宝主播入驻页面进行简要分析。

表 4-2 任务产出——淘宝主播入驻页面装修

淘宝主播入驻	头像
	昵称
	主播专业

第四步，撰写直播脚本。以小组为单位，组建直播团队。利用淘宝主播 App 或淘宝联盟选品 3~5 件，讨论确定活动主题并撰写表 4-3 直播脚本。

表 4-3 任务产出——直播脚本

直播主题	
品牌介绍	品牌来源：
	品牌价值：
利益点介绍	产品利益点：
	价格利益点：
引导转化方式	1.
	2.
	3.
直播注意点	1.
	2.
	3.

第五步，淘宝直播实战。以小组为单位，在前期撰写的直播脚本的基础上，开展 2 小时的直播带货活动，同时在直播预热和直播过程中采用多种方式为直播间引流。直播结束以后查看淘宝主播 App 后台直播核心数据，对直播效果进行点评，并填写淘宝直播点评表 4-4。

表 4-4 任务产出——淘宝直播点评

项目		组长	成员 1	成员 2	成员 3	成员 4	成员 5
流量	直播间浏览次数						
	封面点击率						
停留	平均观看时长						
	互动率						

续表

项目	组长	成员1	成员2	成员3	成员4	成员5
转粉	直播间新增粉丝数					
转粉	粉丝回访率					
成交	商品点击次数					
成交	种草成交金额					

内容引流推广效果最好的是：
原因分析：

项目任务评分标准及评分表

"淘宝直播"任务评分标准及评分表（总分100分）

学生姓名：_____

任务产出	团队分工表	淘宝主播入驻装修		撰写直播脚本		淘宝直播实战		总计
		评分标准（10分）	实际得分	评分标准（40分）	实际得分	评分标准（40分）	实际得分	
评分标准	10分	头像（5分）		直播主题（8分）		流量（10分）		总计
评分标准	10分	昵称（3分）		品牌介绍（8分）		停留（10分）		
评分标准	10分	主播专业（2分）		利益点介绍（8分）		转粉（10分）		
评分标准	10分			引导转化方式（8分）		成交（10分）		
评分标准	10分			直播注意点（8分）				
实际得分								

基本知识和技能

一、淘宝直播简介

微课：淘宝直播概述

根据平台性质的不同，国内的直播平台大体可以划分为3类：以淘宝网为典型代表的传统电商平台、以抖音为典型代表的娱乐内容平台和以蘑菇街为典型代表的导购社区平台。如图4-1所示，3类直播平台各有其优势与劣势。传统电商平台的商品与导购社区平台的SKU（SKU指库存进出最小计量单位）比较丰富，供应链也相对稳定，用户购买心智更强，但流量不如娱乐内容平台。而娱乐内容平台虽流量占据优势，但粉丝购买心智较弱，且多为娱乐导向，购买转化率较低。

项目四 淘宝直播营销

	传统电商平台	娱乐内容平台	导购社区平台
特征	货品种类丰富，供应链相对完善，以直播作为拉新转化的工具	流量优势明显，以直播为切入点，探索流量变现新路径	兼具电商与娱乐内容属性，以直播实现导购场景的拓展
主播类别	以商家自播为主	以达人主播为主	以导购红人主播为主
用户画像	以消费为导向	以娱乐为导向	以种草与购物为导向
商品画像	SKU丰富	白牌或品牌商品为主	白牌或垂类商品为主
成交路径	平台自成交	跳转第三方电商平台为主	平台自成交为主
转化率	中等偏高	较低	较高
典型平台	淘宝网 Taobao.com	抖音	蘑菇街

图示：三类平台对比
数据来源：36氪研究院

图 4-1 三大直播平台对比

2019 年 1 月 31 日，淘宝直播独立客户端（简称淘宝直播 App）正式上线，为用户提供更具沉浸式的直播购物体验。[18]

2019 年开始，直播电商开始在中国快速发展，淘宝直播作为直播电商的典型代表呈现爆发式增长。如图 4-2 所示，2020 年的天猫"双 11"期间，将近 3 亿用户涌入直播间，成交总额同比增长一倍以上。如图 4-3 所示，包括天猫商家、集市商家、新农人运营的店铺在内的 33 个直播间成交额过亿元，近 500 个直播间成交过千万元，国际品牌、国货、新品牌都在淘宝直播快速发展。

图 4-2 阿里妈妈天猫"双 11"直播营销主播与商家研究报告

（一）淘宝直播分类

淘宝直播分为多种类型：淘宝达人直播、淘宝店铺直播、淘宝全球买手直播和天猫直播 4 种类型。

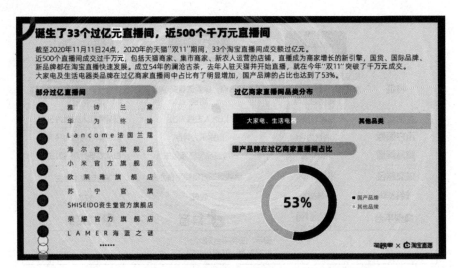

图4-3　阿里妈妈天猫"双11"直播营销直播间研究报告

1. 淘宝达人直播

淘宝达人是淘宝买家和卖家之间非常重要的桥梁,自带带货能力,凭借内容运营,利用自身对专业知识的了解将商品推荐给粉丝。达人需要满足控场、互动、口齿流利等基本能力要求,并且积累了一定人气,有一定的粉丝基础。

2. 淘宝店铺直播

淘宝店铺直播适合中小卖家,店铺要符合直播的准入类目和要求才能申请。基本要求是要求淘宝店在一钻及以上,微淘层级是L1以上,还要有一定的老客户运营能力和一定的销量。

3. 淘宝全球买手直播

淘宝全球买手直播就是在全世界各地、不同商场的买手进行的直播。成为全球买手,需要通过护照和签证进行身份验证,确保店铺100%是外国产品,并且店铺状态正常,没有严重违规行为且有稳定的综合运营能力。

4. 天猫直播

只要微淘粉丝数量够,就可以申请开通天猫直播。天猫直播的特点在于自带浮现权,而其他类型的直播想要获得浮现需要通过官方考核获得。天猫直播更适合品牌商家去做,但是需要有强大的运营团队。

淘宝达人胡可直播　　　　淘宝店铺直播　　　　淘宝全球买手直播　　　　小米天猫旗舰店直播

如图4-4所示,通过阿里妈妈的官方数据可以看到,天猫商家、淘宝商家的店铺自播数量庞大,且其观看页面浏览量以超过50%的同比增速发展,构成了淘宝直播的中流砥柱及核心动能。对于中小商家来说,经营好店铺自播是入局直播营销的重要途径。淘宝直播的营销技能培养将以淘宝达人直播、淘宝店铺直播和天猫店铺直播能力为主。

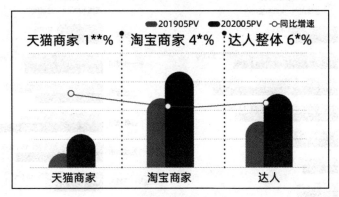

图 4-4　2020 年淘宝直播不同直播类型 PV 量同比变化

(二)淘宝直播新媒体营销流程

如图 4-5 所示,淘宝直播平台的主要新媒体营销流程如下。

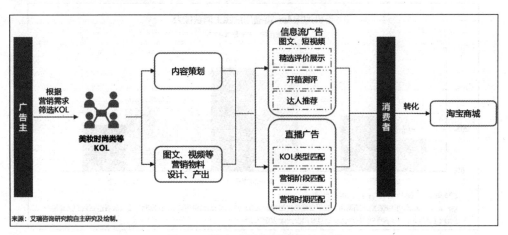

图 4-5　淘宝直播新媒体营销流程

(1)通过展示精选购物评价引发消费者共鸣。

(2)通过 KOL 开箱测评等多种形式加强消费者对商品的真实观感与体验,占领消费者心智。

(3)通过适合商品类型、营销阶段与时期的 KOL 利用自身粉丝影响力进行商品推荐或辅以限时优惠的直播带货,提升消费者对品牌商品的关注度和信任度。

二、淘宝直播用户

根据 QuesMobile 机构 2020 年 2 月采集的手机淘宝 App 直播用户数据,手机淘宝 App 直播用户画像如图 4-6 所示,手机淘宝 App 直播用户线上消费能力如图 4-7 所示。

手机淘宝的直播用户更加年轻,年龄多集中在 19～35 岁;多分布在一线、新一线和二线

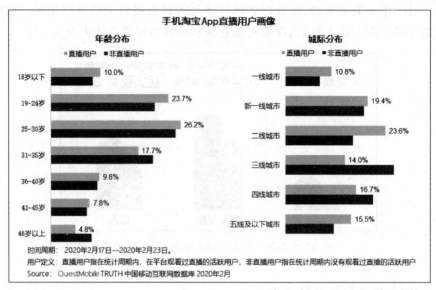

图 4-6　手机淘宝 App 直播用户画像

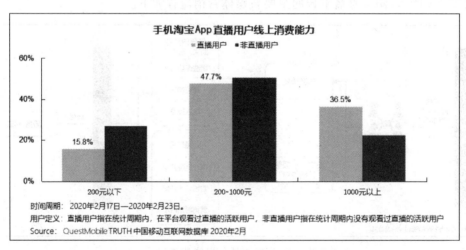

图 4-7　手机淘宝 App 直播用户线上消费能力

等高线城市,消费能力突出,主要集中在 200～1000 元,容易在直播中形成订单转化。

三、淘宝直播平台的推荐机制

(一)淘宝直播平台规则

平台规则由基本规则和算法规则组成。

1. 基本规则

淘宝基本规则是一种显性规则,是淘宝直播最基础的知识。这些规则告知哪些能做,哪些不能做,是直播必须遵守的规范。

以下信息不允许出现在淘宝直播内容里。

微课:淘宝直播
平台规则

(1) 微信账号信息。
(2) 黄赌毒、吸烟、喝酒的内容。
(3) 其他平台店铺或 QQ 等信息。
(4) 第三方 App 的账号信息等。

2. 算法规则

算法规则是一种隐性规则,是做好淘宝直播的必要条件,是与竞品产生差距的核心要素。算法规则的入门与核心是"千人千面"算法。

(二)"千人千面"算法

1. "千人千面"算法简介

"千人千面"属于移动互联网时代的产物,它基于云端大数据技术的商业应用,通过记录用户的消费习惯、用户属性、群体特征等各项指标,再结合大数据的 AI 计算,测算出用户的喜好、潜在的消费习惯和购买欲望,将相关的产品个性化地推荐到每一个人面前,让资源和效率都达到最大化。

如图 4-8 所示,淘宝直播"千人千面"算法受到用户特征、直播间特征、商品特征三者互相影响。

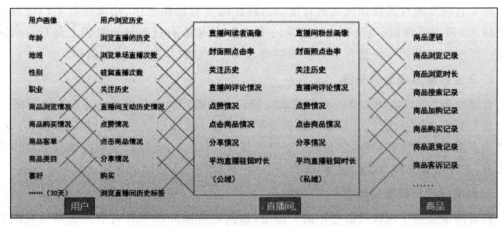

图 4-8　淘宝直播间"千人千面"简析

2. "千人千面"对直播间的影响

"千人千面"算法对新老直播间有不同的影响。对于新直播间,由于没有历史数据的沉淀,所以系统更多的会根据同类型直播间的共性进行人群匹配。对于老直播间,系统会检测直播间历史沉淀下来的人群画像进行定位和匹配,以相关产品和类目的共性匹配作为辅助。

(1) 新直播间。新直播间的历史数据沉淀有限,少量的用户画像即可占有相当大的比重。

直播人员需要找到直播间主打商品的目标用户,吸引他们以自然浏览的方式进入直播间,以便快速让系统匹配精准的用户。

平台会依据"千人千面"算法把直播间推荐展示到更多标签特征相似的用户面前。

(2) 老直播间。当老直播间直播人员发现系统推荐的观看人群不精准时,应该停播一段时间,从而降低淘宝系统基于历史人群画像的匹配,使系统将基于同类型的直播间的货品属性和人群画像重新进行匹配,降低直播间个体属性,使人群属性重新回归到品类的大众化属性。

只有通过自然浏览的方式找到并进入直播间,观看数据才会被记录为有效数据。通过分享的方式吸引进入直播间的,系统不记为有效的数据。

(三) 淘宝直播浮现权

淘宝"千人千面"算法虽然会把所属直播间展示给目标用户,但不代表用户一定会看到,能否被看到还取决于直播浮现权权重。

微课:淘宝直播浮现权

淘宝直播频道页面

1. 淘宝直播浮现权含义

淘宝直播浮现权是指让所属的直播间出现在淘宝直播频道中,从而获得平台公域流量的支持。[19]没有浮现权,就没有公域流量的支持,只能依靠自有私域流量或者是自身店铺的倒流。浮现权对直播间流量有决定性的影响,是淘宝直播最基础的生存指标。

2. 淘宝直播浮现权的获得

目前在 V2 级以上的主播并且满足淘宝网营销规则的即可获得开通浮现权的资格。

想要拥有直播浮现权,必须关注经验值和专业分。经验值是指开播时长和粉丝互动量,虽然很多新人主播没有粉丝,但是只要坚持开播 10~15 天,也可以拿到浮现权。要想提升专业分,主播需要找到自己的领域,发布宝贝,提高粉丝进入店铺的次数。

3. 影响浮现权权重的维度

获得淘宝直播浮现权门槛并不高。但是,如何让直播间出现在直播频道精选页面?如何出现在最前面?这些都取决于浮现权权重。浮现权权重决定着直播间获取流量的概率,是拉开直播间流量差距的关键。

影响浮现权权重的核心维度包括封面、驻留、关注、互动、转化率、粉丝回访。

4. 提升影响浮现权权重维度的方法

(1) 封面。首先,封面直接决定点击率,也就是进店流量。淘宝直播封面图的规范要求可分为两块:淘宝直播频道规范和手淘首页的封面图规范。如图 4-9 所示,淘宝直播频道规范基本内容包括:①保证图人相符的前提下追求美观;②不可出现任何文字;③不出现边框图、拼接图;④主题突出,画面完整,不可花哨,不可有细碎物体;⑤图内出现其他主播或明星需有版权;⑥使用 750mm×750mm 的正方形图。

其次是手淘首页的封面图规范。如图 4-10 所示,其基本内容除淘宝直播频道规范的前两条外,还包括:①不得出现 Logo;②不得出现大面积黑色图;③使用 16:9 比例的长方

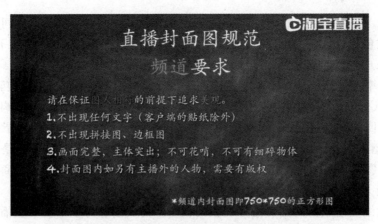

图 4-9　淘宝直播频道封面图规范

形图；④与淘宝直播频道封面图内容保持完全统一。

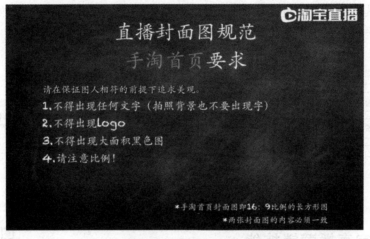

图 4-10　手淘首页的封面图规范

封面中的直播标题很重要，它是影响直播流量的重要因素，淘宝平台会自动审核每一个直播标题，给出基础分。总体要求是用一句话形容直播的亮点，让用户对直播内容感兴趣。标题推荐带有个人风格的内容，杜绝无病呻吟和口水词等。淘宝直播标题的基本要求包括：①字数控制在12字左右；②勿放夸张折扣或利益信息；③切中潜在用户需求痛点，引起共鸣，产生代入感；④勿用违禁词。例如，"清仓""批发""工厂""厂家""甩卖""高级""倒闭""万能""绝对""十足""大促"等。

（2）驻留。驻留代表粉丝在直播间的时长，是一切转粉和转化成交的基础。粉丝驻留时间长的主播，通常都是内容型主播。主播需要通过专业讲解、经验分享、人格魅力或通过设置优惠信息，引导粉丝完成任务，领取相应的有吸引力的福利等多种方式让更多的人驻留在直播间。

（3）关注。关注，也称"转粉"。关注后，直播间更容易出现在关注用户精选流前端页面。淘宝直播提高粉丝关注度的方法包括关注送红包/抽奖、关注每晚抽送、大促优惠诱惑、福利款、悬浮窗透出信息、口播频次保障和关注卡片弹出等。

（4）互动。互动是指直播间内的用户评论。评论多少直接反映了直播间的活跃度。互动的具体方式包括：抽奖、拍卖；向粉丝们提问题，让他们有参与感；直接点下粉丝的昵称，报出他们的账户名和他们互动。

（5）转化率。转化率是指商品的最终成交。提高成交转化率的常用技巧包括：①解答用户的疑惑；②清晰优惠券或利益的获取方式；③限时价格；④秒杀&限购。

（6）粉丝回访。粉丝回访是指粉丝的再次光临，它是反映粉丝黏性的指标。回访数值越高，代表老客户越多。粉丝回访数值取决于以下4个方面：①产品本身是否具有让顾客回购的欲望；②主播是否能让潜在的粉丝或老顾客有持续关注的欲望；③商品是否具备快速更新迭代能力；④是否对粉丝进行分层设置。

以上六大维度组成了淘宝直播浮现权的权重。需要注意每个维度在直播间不同阶段的权重是不一样的，有时因为平台的变化，几大维度各自的权重也经常发生变化。

如图4-11所示，六大维度贯穿了用户从进入直播间到完成购买的整个过程。各个维度之间相互关联、相互影响。单一维度的优秀，不但没有正向效果，反而会起到反作用。提高权重，必须持续将这6个维度稳步提升，而且是互相配合着提升，让每一个维度得分都超过动态平均值，平台就会将其认定为优秀的直播间。

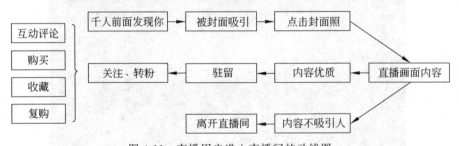

图4-11 直播用户进入直播间的动线图

四、淘宝直播营销技能

（一）淘宝直播入驻

淘宝直播入驻主要包括个人主播入驻和商家入驻。个人主播指的是达人或者未开店的消费者账号。商家含个人店铺和企业店铺。

微课：淘宝直播入驻和淘宝直播中的"人"

1. 个人主播入驻

（1）个人主播开通淘宝直播条件包括：①年满18周岁；②淘宝账号通过实名认证；③一个身份证只能开通一个达人。

（2）个人主播入驻淘宝直播的具体流程如下。

第一步：通过手机下载"淘宝主播"App，登录淘宝账号，进入应用首页。

第二步：点击左上方"主播入驻"按钮，选择对应身份。

第三步：根据指引进行实名认证。

第四步：根据指引进入资料填写页面，上传主播头像、输入主播昵称，勾选2个协议，点击"完成"按钮即可。

2. 商家入驻

（1）商家身份开通直播的条件包括：①DSR 动态评分≥4.6；②信用等级在一钻及一钻以上；③具有一定老客户运营能力；④具有一定主营类目所对应的商品数 5 个及以上；⑤具有一定销量，近一个月的店铺销量≥3；⑥具有一定综合竞争力，90 天内店铺成交额≥1000 元；⑦符合《淘宝网营销活动规范》。

（2）商家开通淘宝直播的具体流程：通过手机下载"淘宝主播"App，点击"发布"—"创建直播"—"商家入驻通道"申请，然后按照流程进行操作。

（二）淘宝直播的人、货、场

要做好淘宝直播，核心是直播的人、货、场和内容这四个营销要素的配合共建。

1. 淘宝直播中的"人"

淘宝直播中的"人"包括主播、粉丝和运营团队。其中，主播是核心，任何一场大卖都离不开主播对于产品的了解、控场能力和必要的表演能力。粉丝的数量、购买力和互动与最后的成交量息息相关。运营团队的紧密配合和辅助也是直播能够顺利进行的至关重要的因素。

1）主播

优秀的主播的打造需要以下技巧。

（1）打造成功的主播人设。

"人设"是人物设定的简称，是人物的基本设定，包括姓名、年龄、身高、出生背景、成长背景设定等，简单来说就是创造一个完整的人物。

为什么要建立主播的人设？首先，设立一个辨识度高，不被轻易取代的人设极其重要。一个具备了鲜明人设的明星、主播或网红可以形成独特的自我标签，在很长一段时间内很难被替代和复制。

其次，人设的建立有利于淘外拉新。目前淘系的流量争夺非常激烈，对于许多顶级主播来说，站内流量的增长空间已经非常有限。立人设，充分利用在淘宝外的社会化媒体平台从站外引流变得非常重要。曾被习主席鼓励的电商主播李旭瑛在抖音上向大家推荐陕西省柞水县特产，扫码查看李旭瑛抖音直播预告。

在微博上，通过红包、日常直播间分享拉近和粉丝间距离，扫码查看李旭瑛个人微博。通过站外人设的打造吸引粉丝到站内，从而形成淘宝直播平台巨大的人设流量。

李旭瑛抖音直播预告

李旭瑛个人微博

（2）掌握主播常用话术。

直播效果与直播技巧和直播用语有直接关系，其中主播的话术是直接影响直播间转化率的核心因素之一，掌握常用话术是主播必备的技能，主播常用话术按照直播的流程又可以分为开场话术、留人话术、互动话术、成交话术、直播结束话术。

① 开场话术。开场有人进入直播间,这时需要告诉来的人本直播间是做什么的,这样用户会决定是否留在直播间。例如:

"欢迎大家来到我的直播间,希望宝宝们都多多支持,点点关注。"

"宝宝们好,我们是厂家直播……没有中间商赚差价,我们会给你们难以想象的折扣。"

"我是一个视频类的主播,我深耕食品行业 15 年了,所有的产品我都会自己试用过关后再推荐给大家,请大家放心。"

② 留人话术。观众愿意留下来,直播间才会有销量。留人话术可分为多种类型,例如:

"欢迎刚来的宝宝,点击关注主播,等一下关注达到 100 个人以后我就发红包,或者是右下角点赞到 1 万的时候我发红包。"

"欢迎××(ID 名)来到直播间!"

"宝宝们,8 点半我们有发红包活动,9 点半我们有个 10 元秒杀活动哦!"

③ 互动话术。直播和粉丝之间你来我往,才能营造出更火热的氛围。这时候可以利用一些方法和话题,吸引粉丝深度参与直播。互动话术可分为多种类型,例如:

"想要的宝宝扣 1,或者是想参加福利的宝宝扣 666。"

"感谢小苹果 0962 送来的礼物。"

"想看×的刷 1,想看××的刷 2。"

④ 成交话术。经过了开场、留人、互动,最重要的就是成交催单话术了。例如:

"不用想,直接拍,只有我们这里有这样的价格,往后只会越来越贵。"

"今天的优惠数量有限,只有 100 个,这款衣服这个颜色就只有最后 30 件了,卖完就没有了!"

"还有最后三分钟,没有买到的宝宝赶紧下单、赶紧下单。时间到了我们就下架了。"

"今天只限在我的直播间有这个价格,站外都没有这个价格。"

⑤ 直播结束话术。直播结束时,可以参考以下话术。

"感谢今天直播间朋友们的陪伴,谢谢你们的关注、点赞哦,今天很开心!"

"主播马上就要下播了,今天和大家聊得非常开心,明天 8 点我在这儿等你们,你们一定要来赴约哦!"

"最后给大家播放一首好听的歌,播完就下播了。感谢大家,希望大家睡个好觉,做个好梦,明天新的一天好好工作,我们下次见。"

2)粉丝

每一次直播,都是主播和粉丝之间的互动,粉丝的经营,粉丝的拉新就变得尤为重要。粉丝互动的常用技巧如下。

(1)穿插暖场话术或者小节目。

(2)随时关注直播间顾客的咨询,回答疑问引导下单。

(3)多引导点赞关注领券,突出优惠券力度大,数量少,仅在直播间当天下单有效。

(4)整点抽奖。在直播中控台抽奖栏目设置每个整点抽粉丝指定礼品,并免费送给中奖顾客,在直播间和中奖顾客互动,请他说一下中奖啦,之后请中奖顾客联系客服领奖。抽奖可以让直播间刚开始就聚集人气,增加粉丝购买欲望。

足力健老人鞋
直播间抽奖

(5)充分利用后台设置。充分利用直播窗口下面的素材栏、滚动条、宣传栏等。

3)运营团队

如果想做好淘宝直播,最好保证有足够的人力配合,直播前、中、后运营团队的配合和辅助是直播能够顺利进行的至关重要的因素。通常来说,一个完整的直播团队包括主播、副播、策划、场控、运营和客服售后六个岗位,由6~7名人员组成,具体分工如表4-5所示。

表 4-5 直播团队分工

岗位名称	岗位数量	岗 位 职 责
主播	1	活动介绍、产品介绍、统筹全场和粉丝互动
副播	1	带动气氛、介绍促销活动、提醒活动、卖点提醒、引导关注
策划	1	产品内容、促销脚本、内容制作和分发、直播脚本
场控	1	软件硬件的调试;配合互动、释放权益、产品上下架、直播间调试、三大后台(达人、中控、阿里妈妈);数据收集、数据分析、优化建议
运营	1~2	运营分为活动运营和商品运营 活动运营每天搜索淘宝直播的活动信息,并且跟踪活动执行,如本月打榜、女王节、"双11"等 商品运营负责直播间的商品提供
客服与售后	1~2	客户的售前咨询,售后问题包括出单、物流、复购等、尺码解答;定期和不定期进行客户回访;发展维护良好的客户关系

2. 淘宝直播中的"货"

1)货的概念

淘宝直播中的"货",就是直播带货的品牌、产品及其带来的体验。货是整个交易中的关键,有足够优惠的货,包装独特的货,限量发售的货,以及货的售后服务,最终都可以影响主播和主播之间的竞争。其中,选品是货的关键。

微课:淘宝直播中的"货"与"场"

2)直播带货选品的方法

(1)选择与账号定位属性相关联的产品。新媒体营销强调内容要与账号定位垂直,直播选品也是如此,直播账号如果主攻美妆,那么产品尽量选择美妆相关产品,这样才有助于提升产品转化。

(2)选择亲自使用过的产品。只有自己使用过产品,才能真正了解该款产品是不是符合粉丝消费群体的需求,才能知道如何推销该产品。以洗面奶为例,需要事先了解自己的肤质,自己使用后的真实感觉,还有这款洗面奶能否满足粉丝的需求。这些只有在亲测过后才能得出结论,才能在直播间根据实际使用感受,向粉丝推荐自己的产品时才会更有说服力。

(3)按照粉丝需求选品。粉丝关注直播是因为产品的某个特定属性能满足他们的需求,所以选品时一定要了解直播账号上粉丝的用户属性和不同需求。具体包括粉丝的年龄、职业、性别比例以及对产品的需求等。

(4)选择高热度产品。直播选品有时需要蹭热度。例如端午节的粽子、中秋节的月饼、夏天的小风扇、冬天的暖手宝,又或者是当下某个网红产品,都是可以蹭热度的产品。

(5)选择高性价比产品。在几乎所有的直播带货平台,高性价比的产品都占据优势。例如,有些直播间会给粉丝带来"全网最低价"且"无条件退换"的双重福利。一方面最大限度地给粉丝让利,一方面保障了粉丝的权益,最终让粉丝对主播产生了极高的信任,提高了转化率。

(6) 根据品类选品。直播选货平台上会有相对热门的产品品类,例如,服装、美妆、零食、小家电等。可以选择自己擅长的热门产品品类、适合账号定位的产品在直播间进行售卖。

(7) 借助工具选品。直播选品使用工具是非常重要的。例如,我们可以利用飞瓜数据分析工具分析直播商品中哪些产品的销量最好?哪些产品被点击的次数最多?哪些产品的退货率最低?根据这些数据,能够获得直播间畅销产品的名称、品类、单价、来源等综合信息,然后根据这些信息结合账号定位和粉丝需求选择适合自己直播账号的产品。

花西子淘宝直播　　妮维雅洗面奶淘宝直播　　卫龙食品淘宝直播　　飞瓜数据

(8) 选择颜值高、轻便的产品。在直播间,因为观众无法触摸到实物,所以外表好看的产品更能吸引观众的目光,轻便的产品能够降低物流价格。

(9) 选复购率高的直播带货产品。直播间带货,总体来说粉丝群体相对稳定,快速大量增加新客户比较困难。所以,产品的购买频次直接影响收益和粉丝的活跃度。选一些快消品,复购率高,会有更好的效果。

以上9个方法,是直播选品中常用的技巧,也是提升直播间转化率的重要方法。

3) 直播供应链

在直播场景下,有效提升用户的体验离不开强大的供应链。供应链是淘宝直播成败的重要因素之一。"爆款""多样""履约"等问题给直播供应链带来巨大挑战,需要供应链持续地去提供高性价比的产品。目前常见的直播供应链玩法有以下5种。

(1) 品牌集合。品牌集合指的是通过和线下专柜品牌一起合作建立直播基地。此供应链优点是品牌方承担所有库存而自身没有太大的风险;缺点是缺乏独特的核心竞争力,并且价格不占优势。

(2) 品牌渠道。品牌渠道是指品牌方定期开发一批新款产品邀约外部主播或寄样合作。此供应链优点是产品款式较新、营销较精准、转化较高、利润由品牌方控制;缺点是由于新产品开发周期长,款式数量更新较慢且不多。

(3) 批发档口。批发档口是指批发市场与主播的合作。优点是款式更新快、款式多、性价比极高。缺点是管理难度大,缺乏特色,产品售后比较难以保障,退货率较高。

(4) 尾货组货。尾货组货是指与尾货供应商合作,帮助倾销库存。优点是价格超低,销售量大、涨粉快;缺点是款式比较陈旧,并且容易出现断码断货无法满足消费者需求。

(5) 代运营。代运营是指直播方帮助商家解决直播电商某个环节的问题。此供应链的特点是直播方只赚佣金,没有固定合作商家。缺点是后期面临大量退货风险。

3. 淘宝直播中的"场"

1) 场的概念

直播的场所称为"场","场"对于粉丝留存非常重要。"场"包括直播平台和直播间。

直播平台有很多,包括淘宝直播、抖音直播、快手直播等,这里所说的直播平台是指淘宝直播。

2)直播间的形式

直播间有多种形式,主要包括固定直播间、移动直播间和大演播厅。

固定直播间适用于常规直播。直播间的颜面,就好像一个人的外貌,是通过整体设计风格、布景、灯光、高清设备等来体现。淘宝直播间布置规范如下。

(1)背景以浅色或纯色背景墙为主,简洁、大方、明亮为基础,不能花哨。例如,潮搭类内容,不能一眼望去一堆衣服在衣架上,最好的学习榜样是商场的摆放。具体背景标准可以学习红豆官方旗舰店直播间。

(2)直播间装置摆放整齐。

(3)可以适当有一些背景音乐,渲染气氛。

(4)如果主播离场,建议画外音不断和粉丝保持沟通互动即可。

和固定直播间相对应的是移动直播间。它包括品牌的原产地、品牌线下店铺、免税店等,让直播更真实,更场景化。

红豆官方旗舰店直播

原产地直播

除了常见的固定直播间和移动直播间外,有的商家和达人也会选择拥有专业团队和高品质的内容大演播厅。

(三)淘宝直播的内容策划

"内容为王"不仅适用于其他新媒体平台,也同样适用于直播,内容是任何直播带货的核心和主体,尤其是新手在开始做直播的时候,策划出优质的直播内容是直播带货的一个重要环节。策划优质的直播内容需要以下步骤。

微课:淘宝直播的内容策划

1. 确定直播主题

直播主题就是直播的性质,包括要做什么?要给用户呈现什么?确定直播主题也就确定了直播核心内容。

直播主题需要根据产品定位来决定。例如,在直播间卖护肤品,那么我们的护肤品主要能解决什么问题,用户想解决什么问题,除了护肤品能解决的一般问题,有没有其他方式让用户有获得感、满足感?除讲解商品之外,还可以给用户分享一些独家护肤心得,让用户在享受价值优惠时,也能学习更多实用的技巧。

如何才能让用户喜欢我们的主题?针对不同产品需要从不同的角度去分析,直播主题需要和商品相结合,这样直播内容才能有针对性,才能更加精准地捕获用户的心,留住用户,方便后续转化。

2. 策划直播内容

在直播带货过程中,引入产品、观众互动和促进成交是直播内容的三个关键环节。

引入产品比较常用的方式是通过品牌或产品背后的小故事、历史来引入,然后讲解产品的外观特点、卖点,展示产品的使用方法,并和其他同类产品进行对比,突出产品的优势。

不管是什么直播形式,直播互动都是直播内容的重要部分,高质量的直播互动能有效提升直播间的人气和转化率。粉丝互动的相关技巧,请参考本项目中"三、淘宝直播平台的推荐机制,(三)淘宝直播浮现权,4.提升影响浮现权权重维度的方法,(4)互动"。

促进成交可以通过福利抽奖、分享评论等引导方式促进用户成交,最后再用促单话术"催"用户下单,这些需要提前做好详细策划,以免在直播中出现话语卡顿。

3. 规划直播脚本

脚本是使用一种特定的描述性语言,依据一定的格式编写的可执行文件。直播脚本是直播间详细的内容策划表,写好脚本对直播来说至关重要。脚本的作用主要包括:①明确直播目标、主题、活动等基本信息;②确保直播间流程不会出错;③提醒主播话术、时间,不让主播冷场;④方便直播后的复盘。

通常,直播脚本分为两类:单品脚本和整场脚本。单品脚本是针对单个产品的脚本,以单个商品为单位,规范商品的解说,突出商品卖点。整场直播脚本是以整场直播为单位,规范正常直播节奏流程和内容。

规划直播脚本的步骤如下。

首先,确定直播的时间和时长。具体需要考虑什么时间开播在线观看的人最多?主播在直播间控场时间有多长等?综合各方面的因素之后,最终制定每天或每周的直播时间和时长。

其次,规划直播的具体环节和流程。对直播每一个环节的时长、顺序和采用的互动方式做好规划。

最后,规划直播的具体内容。如表 4-6 所示东方季道直播脚本,单品脚本的内容重点包含品牌介绍、利益点强调、引导转化、直播间注意点等。如表图 4-7 所示丹尼尔·惠灵顿直播脚本,整场直播脚本除包含常规的时间、地点、商品数量、直播主题、主播、预热文案、场控以外,一般还会更加强调详细的直播流程等几个要素。

表 4-6 东方季道单品直播脚本

1 小时直播流程话术		
目标	宣传点	内容
品牌介绍	品牌理念	宝洁旗下高端护肤品牌"东方季道"汲取《本草纲目》的古籍灵感,以四季流转之序顺时调养、以肌体寒热之性辨肤润衡、以道地本草之萃耕作入方,并运用现代科技创新萃取人参、藏红花、桑白皮、银耳、绿茶等珍贵成分,完美呈现以"五芳露"和"四时美肌原液"为产品精髓的护理方案,赋予肌肤灵透无瑕的如玉之美
利益点强调	"双 11"机制提前享	今天在直播间购买的所有产品都与"双 11"同价!备注"主播名称"下单即加赠

续表

		1小时直播流程话术				
目 标	宣 传 点	内 容				
引导转化	(1)一套精华走四季	东方季道专为四季定制！增加肤质抵御力的同时，帮助解决当季肌肤问题！				
		核心卖点	春	夏	秋	冬
			舒缓补水	提亮去黄	沁润无纹	紧致锁水
	(2)对自己好一些	工作辛苦,生活艰难！女生要对自己好！给自己买最适合皮肤的产品				
直播间注意点	核心维度	弹店铺关注卡片				
		2张推流图片	（主播信息＋机制信息）			
		易拉宝				
		点赞				
		分享直播间				
		下单				

表4-7 丹尼尔·惠灵顿整场直播脚本

	直播流程
预热(20:00—20:10)(10分钟)	——Hello！大家好！欢迎大家来到丹尼尔·惠灵顿的直播间，我是今天的主播×××，非常开心今天能够来到这里，丹尼尔·惠灵顿是来自瑞典的轻奢腕表品牌，自2011年创立以来，凭借经典简约、优雅大气的设计风靡全球。2013年进入中国市场，DW始终坚持以经典永恒的设计理念，敢于突破，不断推出新颖的腕饰产品，致力于为消费者提供简约而个性化的配饰选择，并深受世界各地时尚人士的青睐。 丹尼尔·惠灵顿品牌的诞生，源于一次跨越半个世界的巧遇：品牌创始人Filip Tysander在旅途中遇见一位低调谦逊的英国绅士，他着装优雅简约，尤其是腕间佩戴的一款古董腕表，斑驳的织纹表带彰显出隽永格调，因此启发了Filip新的灵感，他决定创建自己的腕表品牌，并以这位英国绅士的名字——Daniel Wellington为名，让更多的人感受到这份迷人魅力。 【优惠介绍】 1.30元无门槛云券，可与店铺活动叠加 2.下单备注：直播专属(购买手表/手表套装赠送樱花礼盒)《礼盒样式的展示及介绍给粉丝，进行权益种草) 3.店铺活动：品类券满500元减50元；店铺优惠券满800元减150元，满1500元减290元，满2000元减480元(重点：品类券与店铺优惠券、直播专属30元云券可叠加使用)
话题引入	——送自己的第一款手表，你选的是什么？(引发粉丝讨论互动) ——男神张艺兴同款(张艺兴是DW品牌全球代言人)(以偶像张艺兴为切入点，吸引兴迷的关注互动) ——男友生日，还在纠结送什么礼物？不妨今年送男友一款DW的男神款手表吧 ——情侣款手表(DW手表没有秒针的设计，中文有"等我"的浪漫寓意，无秒从容生活，感受生活、感受爱) ——时间观念的重要性(日常生活，异地恋，提醒对方要记得想自己) (提醒引导粉丝，领券购买，促单转化；可搭配手镯和戒指，联动展示讲解)

(四)直播引流推广

如何在直播过程中为直播间高效引流是直播营销最核心的问题。直播引流推广包括自然流量获取方法和付费流量获取方法。

微课：淘宝直播引流推广和数据分析

1. 自然流量获取方法

(1) 策划有吸引力的直播封面和标题，引导更多用户观看直播。

(2) 直播前提炼直播内容精华，制作成预热文案、宣传海报、短视频等作品，投放到微信、微博、各种短视频平台渠道。直播结束后将精彩内容进行剪辑，制作成软文或短视频，多渠道分发，引发二次传播。

(3) 主播或商家可通过中控台或淘宝主播 App 对已经在直播间宝贝口袋发布的宝贝，点击进行标记，从而被个性化投放到淘宝主搜、猜你喜欢等模块，最终获得更多的公域流量。

具体操作步骤如下。

第一步：打开中控台，并确保当前的直播间状态是在开播中。

第二步：确保当前要讲解的宝贝已发布到直播间宝贝口袋，且和准备要标记"直播看点"的宝贝是同一个商品。

第三步：点击对应宝贝的"标记看点"按钮，点击完毕后会变成"取消"，即意味着看点已被标记成功。

注意："取消"按钮意味着删除宝贝的"直播看点"，不需要在宝贝讲解完成后点击。

直播间观众对错过的宝贝可通过口袋列表的"直播看点"按钮查看回放，也可在直播回放中通过直播看点标记的商品快速定位单品，增加转化率。

2. 付费流量获取方法

主播和商家可通过阿里妈妈提供的"超级直播"获取付费流量为直播间引流，通过直播间推广入口一键完成推广。

一键推广后，通过阿里妈妈打通的全域推广渠道，包括直通车、超级推荐、超级钻展、全新淘宝直播 Feeds 流资源位及品牌广告实现高时效性引流，满足直播峰值供给，降低直播综合投放成本，提高流量获取效率。

淘宝主搜、猜你喜欢模块

淘宝"直播看点"按钮

淘宝直播推广入口

(五)淘宝直播数据分析

通过实时数据，淘宝主播可以实时了解淘宝直播效果，及时调整淘宝直播的节奏。具体的数据查看步骤如下。

(1) 卖家用户如果在手机端操作淘宝直播，想要查看直播效果，比如，访客数和下单转化率数据就需要从"生意参谋"进入。打开"生意参谋"，在"内容"模块下的"单条分析"，选

"直播"模块,点击"全部内容"超链接,就可以看到每一场直播(图4-12)。选择想要进行数据统计的那一场直播,点击右方的详情就可以看到数据情况。进入数据之后,可以选择时间。呈现形式可以选择列表,这样就可以看到整场直播的详细数据了(图4-13)。

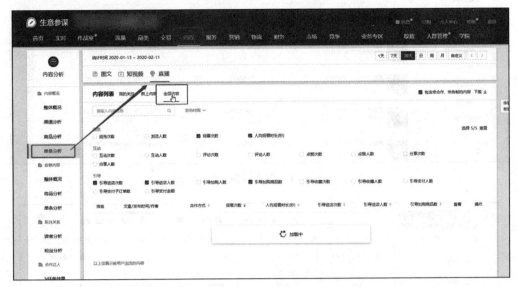

图 4-12　认证企业号移动端数据中心

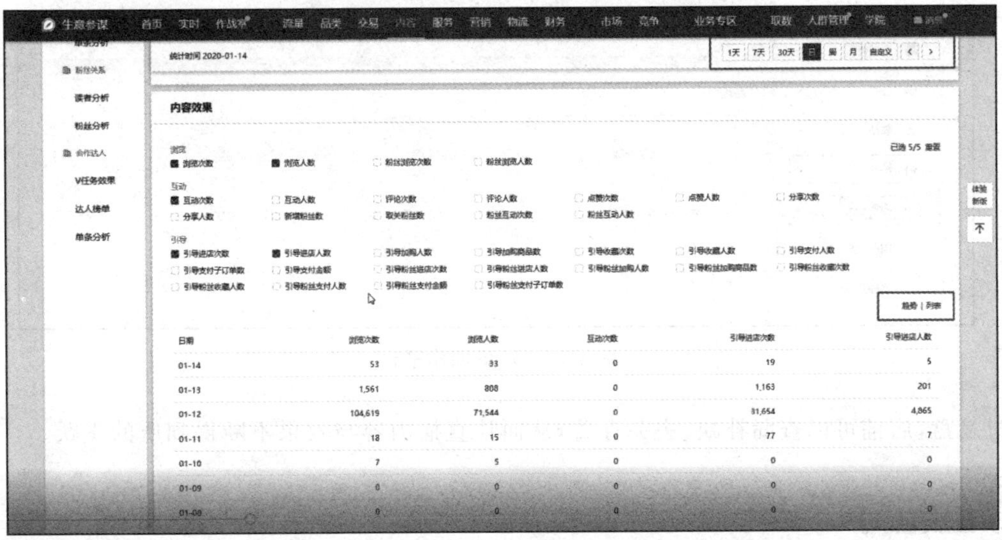

图 4-13　整场直播的详细数据

如果是在计算机端操作直播,卖家用户可以直接在淘宝直播中控台(图4-14)查看直播数据。

(2)淘宝达人用户做主播操作直播首先需要进入阿里创作平台,然后找到"统计"的功能选项,点击下拉框中的"内容分析"功能选项,进入新的界面中,在这里点击"渠道分析"功能,就能查看专门统计指标数据(图4-15)。

数据分析的主要目的是复盘。通过数据分析对每一次直播进行深刻反思和经验总结。

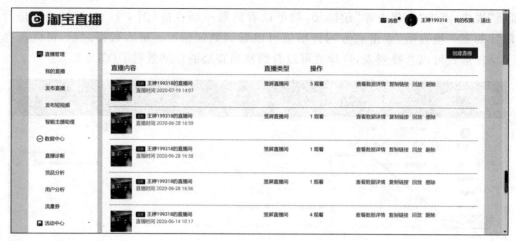

图 4-14　淘宝直播中控台

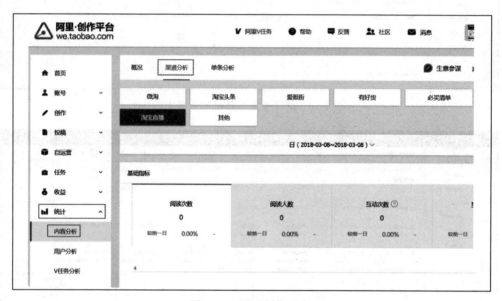

图 4-15　阿里创作平台

经过复盘,店铺可以查漏补缺、去芜存菁,从而让直播内容与效果不断得到质的飞跃。

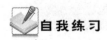 自我练习

单选题

1. 根据 QuesMobile 机构 2020 年 2 月采集的手机淘宝直播 App 用户画像研究报告数据,手机淘宝的直播用户相比其他直播平台更加年轻,年龄多集中在(　　)岁。

　　A. 19～35　　　　B. 18～20　　　　C. 20～25　　　　D. 35～40

2. 根据 QuesMobile 机构 2020 年 2 月采集的手机淘宝直播 App 用户画像研究报告数据,手机淘宝的直播用户消费能力突出,主要集中在(　　)元。

　　A. 100～200　　　B. 200～1000　　　C. 1000～1500　　D. 1500～2000

项目五

B站营销

2020年B站市值已超444亿美元。股价翻了3倍多,内容破圈,成为品牌营销的新阵地,发展前景深受资本市场的青睐。加速生长的B站,在获得主流圈层认可的同时,也需要应对每一个小众平台破圈后的必经挑战。通过完成本项目任务,可以初步掌握B站简介、内容创作、营销方式等基本知识和技能,胜任与B站营销相关的工作。

项目任务书

课内学时	4	课外学时	持续2周,累计不少于4周
学习目标	知识目标 1. 了解B站的特征 2. 掌握B站的账户创建方法 3. 掌握B站的内容创作形式和技巧 4. 掌握B站的营销方式 技能目标 1. 能够根据B站的规则和平台特点,完成账号注册和资料设置 2. 能够根据B站的推荐机制,不断提升被系统推荐的可能性 3. 能够在B站找出一个热门视频,分析它的创作特点与优点 4. 能够掌握B站营销方式 5. 能回顾和梳理B站运营的各个环节,对浏览量、转载量、点赞量等进行分析,评价内容质量和传播效果 思政目标 1. 培养生产高质量内容的UP主 2. 具备视频审美意识和对音画节奏的精准把控能力 3. 了解B站流行文化,把握平台流行议题和内容形式		
项目任务描述	1. 组建团队 2. B站账号规划 3. B站账号的内容策划 4. B站视频的内容推广		

续表

课内学时	4	课外学时	持续2周,累计不少于4周
学习方法	1. 听教师讲解相关知识 2. 看在线视频资料自学或复习 3. 动手实践		
所涉及的专业知识	B站营销概述、B站的推荐机制、账号搭建、创作策略、营销方式、引流变现和数据分析		
本任务与其他任务的关系	本任务与其他新媒体平台任务都是搭建新媒体营销矩阵的重要组成部分		
学习材料与工具	学习材料:1. 项目任务书后所附的基本知识 2. 在线视频资料 工具:项目任务书、任务指导书、手机、计算机、笔		
学习组织方式	部分步骤以团队为单位组织,部分步骤以个人为单位组织		

 任务指导书

完成任务的基本路径如下。

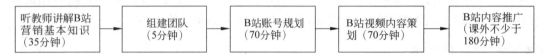

第一步,听教师讲解 B 站营销基本知识。

第二步,组建团队,填写团队任务分工表 5-1。

表 5-1 任务产出——团队任务分工表

人员	组长	成员1	成员2	成员3	成员4	成员5
姓名						
分工						

注:所有人在完成本人负责部分任务的同时应该使总任务达到最优效果。

第三步,B站账号规划。以团队为单位,对团队成员的 B 站账号搭建情况进行打分、评价,之后总结效果最好的一位同学,并分析好的原因,填写账号规划情况分析表 5-2。

表 5-2 任务产出——B 站账号规划情况分析

项目	组长	成员1	成员2	成员3	成员4	成员5
定位领域						
账号名称						
账号简介						
视频内容						
互动行为						
内容风格						
成员评价排序 (由高到低)						
账号规划最好的是: 原因分析:						

注:所有人在完成本人负责部分任务的同时应该使总任务达到最优效果。

第四步，企业B站内容策划。以小组为单位，为山东日照祥路碧海茶业有限公司开展B站内容策划与制作，首先根据目标用户和营销目标讨论确定内容选题创意，然后利用手机软件拍摄制作视频，在账号发布作品一周后进行自我点评，最后以小组为单位将制作内容进行展示和汇报。组长负责填写"B站内容策划自我点评"表5-3。

表5-3 项目任务产出——B站内容策划自我点评

1. 我们组的视频内容是_____，选题创意方向是_____。 2. 我们组常使用的创作特点和展现手法是：
3. 询问至少3位B站粉丝，了解他们针对自己小组制作的视频的印象。 近一周播放数量：_____ 粉丝评价1：_____ 粉丝评价2：_____ 粉丝评价3：_____
4. 对自己发的视频，粉丝评论刷的最多的是什么，简单分析为什么会有这种印象？

第五步，企业B站内容推广。运用所学到的B站知识，在企业视频上传和发布作品一周之后开始运用小组成员B站账号进行内容推广，包括站内推广和站外推广。个人推广作品一周后对小组成员进行点评。组长负责填写B站内容推广点评表5-4。

表5-4 项目任务产出——B站内容推广点评

项目	组长	成员1	成员2	成员3	成员4	成员5
推广方式						
推广目的						
活动时长						
点赞数						
投币量						
评论数						
内容推广效果最好的是： 原因分析：						

项目任务评分标准及评分表

"B站营销"任务评分标准及评分表（总分100分）

学生姓名：_____

任务产出	团队分工表	B站账号规划		B站内容策划		B站内容推广		总计
		评分标准（30分）	实际得分	评分标准（30分）	实际得分	评分标准（30分）	实际得分	
评分标准	10分	定位领域（5分）		选题创意方向（10分）		点赞量（6分）		总计
		账号名称（5分）		近一周自然播放量（10分）		投币数（6分）		
		账号简介（5分）		符合B站的社区自律公约（10分）		评论量（6分）		
		视频内容（5分）				播放量（6分）		
		互动行为（5分）				收藏量（6分）		
		内容风格（5分）						
实际得分								

基本知识和技能

一、B站简介

B站全名"哔哩哔哩"（bilibili），昵称"小破站"，于2009年6月26日诞生，是中国年轻世代高度聚集的文化社区和视频平台。

哔哩哔哩早期是一个ACG（动画、漫画、游戏）内容创作与分享的视频网站。经过十年多的发展，围绕用户、创作者和内容，构建了一个源源不断产生优质内容的生态系统，已经涵盖7000多个兴趣圈层的多元文化社区，现为中国年轻人高度聚集的文化社区和视频平台，该网站于2009年6月26日创建，被粉丝们亲切地称为"B站"。[20]

微课：B站简介

B站Logo及首页

1. B站用户画像

据数据统计，B站社区月均活跃用户达1.97亿。

从年龄上看(图5-1)，B站80%的用户是"90""00后"的"Z"世代年轻群体。其内容及表达形式具有浓浓的二次元气息，随着周深、杨迪、冯提莫等明星、大V的入驻，B站新涌入了大量其他圈层的用户，越来越"泛二次元"。这是其与其他社交网站相比最大的不同之处。[21]

从地区上看，B站用户主要分布在沿海发达地区和一线城市，受教育水平较高，更容易接受新鲜事物和多元文化。

从性别上看，B站的用户男性略多于女性。

2. B站产品形态

B站产品形态(图5-2)包括视频、动态、直播、专栏等，视频时长无限制，从十几秒到几小时的都有。B站拥有涉及动漫、游戏、时尚、科技等22个分类下2344个频道，还有番剧、国创、纪录片、音乐、舞蹈、生活等32个分区，并开设直播、游戏中心、周边产品、线下活动等业务板块，由单一的"二次元文化网站"转变为以二次元文化为核心的"青年潮流文化娱乐社区"。[22]

图5-1　B站用户画像

图5-2　B站产品形态

3. B站核心业务

B站是一个以PUGV(专业个人用户视频)、OGV(专业制作内容)和直播为核心业务的乐园(图5-3)。建设了以UP主为核心的内容创作中心、直播舞台、影院、游戏大厅、漫画图书馆、电竞赛场、会员购商场等。打出"你感兴趣的视频都在B站"的口号。

图5-3　B站核心业务乐园

4. B站UP主

B站用户中有一类人是B站内容创作者,也称UP主,目前B站拥有100多万活跃UP主,即上传视频等内容的投稿者,B站内容来源主要依靠UP主的投稿,即用户生产内容(UGC),UP主的影响力与生产的内容质量对它的发展至关重要[4]。UP主通过制作原创或自制的内容,会吸引更多用户互动和讨论,这会进一步促成UP主的成就感,从而激励更多UP主持续创作更优质的内容,因此形成了充满创意、良性循环的生态闭环(图5-4)。

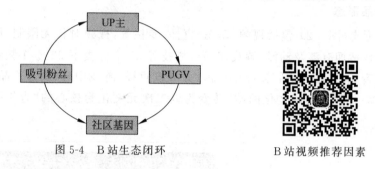

图 5-4　B站生态闭环

B站视频推荐因素

5. B站的推荐机制

B站视频权重大小关系到视频的推荐量,视频权重越大,越有可能出现在用户的首页或搜索结果页。而视频权重大小的影响因素包括硬币、收藏、弹幕、评论、播放量、点赞数、分享数和更新时间。

能引发讨论热议的内容是B站更重视的。一般而言,当用户对视频的互动越大,系统会认定该视频为优质视频。其中点赞是互动行为中成本最低的,但却是最容易提高视频质量的手段。因此在视频中UP主常使用一键三连(点赞、收藏、投币)提醒用户,从而提高视频系统打分,提升视频展现机会。

二、B站内容创作

1. 账号注册与认证

内容创作首先要进行账号注册。注册B站账号,设置名字、头像、简介等信息。要想获得更多B站权限,可以进行B站个人认证或机构认证(图5-5)。在这个过程中要遵循相应的认证规则。

微课:B站内容创作

图 5-5　B站认证申请

2. 创作策略

(1)了解B站流行文化,把握平台流行议题和内容形式。

B站作为一个视频社区,最大特点是会孕育出自己的流行文化,主要体现为独特的流行内容形式,以及流行的议题。流行的内容形式或议题出现之后,在其升温期,社区内会引起广泛的模仿,类似的内容密度会不断提高,最后获得高曝光的流量红利(图 5-6)。

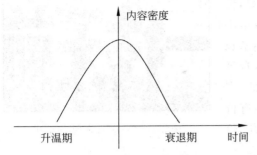

图 5-6　B 站内容创作周期

阿里巴巴矩阵

了解 B 站流行文化的渠道

例如,钉钉就是洞察到 B 站用户群体的不满情绪,且借鉴了 B 站流行的鬼畜形式,深受用户喜爱。钉钉爆火之后,阿里巴巴矩阵账号陆续入驻 B 站,采用与钉钉跨界合作形式,同样用鬼畜音乐的形式介绍自己,获得了初始的冷启动流量。"用鬼畜音乐自我调侃"是这个阶段官方账号内容的流行形式,这种形式造就了阿里巴巴矩阵的集体繁荣。

对于平时不了解 B 站的人,可以通过什么渠道快速了解 B 站流行文化呢? B 站移动端的"热门"入口,有实时的全站热门视频排行,"每周必看",还有入站必刷的视频。

实时热门排行榜能让我们快速了解 B 站当下热门的议题或流行的视频形式。

每周必看给出一周视频精选清单,是本周高质量的内容沉淀,对其中优秀的作品,可以考虑学习模仿。

入站必刷视频涵盖了鬼畜、音乐、游戏、科技、动漫、网络热词等不同领域的内容,最好地囊括了 B 站社区文化的底蕴。入站必刷视频是新用户快速了解 B 站的最好选择。

(2) 平衡流量内容与存量内容之间的比例。

模仿流行内容与议题,可能会获得高流量,但是用户是否被吸引,还取决于账号本身定位是否足够明确,是否能够为用户持续提供价值。

① 流量内容也要强化品牌角色。流量内容一般是模仿 B 站流行形式与流行议题创作出来的内容,短期内有极高的曝光度,但是这些往往都是"去作者化"的,UP 主在视频中往往不突出。作为品牌方,品牌号运营不仅要考虑用流量内容带来的高曝光,更重要的是要在流量内容的创作中突显品牌本身的角色。

2020 年 4 月,美团推出了一则名为"外卖圣杯战争"的视频。该视频模仿先前的流行视频"现代圣杯战争"。美团在创作时,前半段模仿了原视频的滑稽与荒谬,后半段却骤然严肃,展示疫情期间美团外卖小哥依然坚持送餐,渲染了他们为按下暂停键的城市送上希望与温暖。后半段的转折与主题升华,是美团作为一个品牌希望与用户沟通的内容。如果只是一味模仿流行内容,这则视频也会陷入"去作者化"的境地。

② 存量内容需要塑造品牌。存量内容一般具有很长的生命周期,其价值不会受到时间的影响。存量内容一般不过时,可以多次重复利用。品牌号的本质,是品牌与用户沟通的阵地,除了有迎合用户需求的流量内容,

美团"外卖圣杯战争"

还需要有塑造品牌角色的存量内容。

以小米十周年传播战役为例。小米十周年发布会后，小米品牌号发布雷军演讲的完整版内容视频（图5-7）。演讲完整地表达了小米的品牌价值观，传达了小米十周年"一往无前"的品牌精神，这就是小米的存量内容，有着很长的生命周期。正是小米长时间对于品牌的耕耘，持之以恒地向用户传达自己的品牌价值观，才造就了一群忠实的粉丝。因此，在进行账号运营时，必须要有对于品牌而言长期有价值的内容，能够持续向用户传达品牌利益点、价值观。

图5-7 "一往无前"雷军演讲

三、B站营销技能

B站营销方式（图5-8）主要分为商业产品、圈层内容和互动共创。

（一）商业产品

商业产品相对比较标准化，B站官方有成熟完善的商业市场广告产品介绍。

微课：B站营销方式

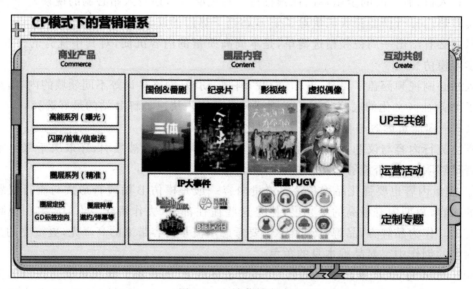

图5-8 B站营销方式

（二）圈层内容

圈层内容营销方式主要有PUGV内容合作、品牌官方账号自营、官方OGV内容合作。

1. PUGV内容合作

与UP主合作的商业内容，是目前B站内容营销最主流的模式。

华为 Mate30 Pro 上新之际,选择和 UP 主何同学合作创作测试视频,视频播放量接近 400 万,打造了品牌阵地。

通过华为的案例可以看出,UP 主在进行品牌信息植入创作视频时,保证内容的真实感与价值感,做到"有趣有料"。

怎样才能做到真实感与价值感呢?B 站用户喜欢硬广讨厌软广,因此商业植入要客观评价,UP 主的视频内容要交流真诚。例如,UP 主何同学制作产品测试视频,模拟手机在不同场景下产品的功能。通过对比真实再现了华为历代产品的使用体验,认可了华为手机的产品质量与购物体验。

除保证真实感和价值感外,还要做到内容"有趣有料"。例如,UP 主敬汉卿用可口乐＋咖啡进行"不正经测试",测试是否有提神效果。视频内容娱乐有趣,深受用户喜欢。

UP 主何同学创作测试视频

UP 主敬汉卿"不正经测试"

2. 品牌官方账号运营

品牌号目前处于发展早期,入驻量少,平台必然会给予政策和流量扶持,比较容易突围。以华为为例,2017 年入驻 B 站,目前已有 100 多万粉丝。

3. 官方 OGV 内容合作

OGV 内容,即 B 站官方购买的具有版权的影视内容,包括植入广告、冠名广告以及可以跳过的片头广告等。B 站 2017 年开始国创自制,2018 年纪录片自制,2019 年综艺自制,到 2020 年影视自制。截至目前已有 2.5 亿人次在 B 站观看 OGV 内容。

在该模式下,B 站一般会联合有实力、有知名度的头部品牌。聚划算赞助 B 站《2019 最美的夜》和《说唱新世代》,苏菲、雀巢咖啡赞助《风犬少年的天空》。

(三) B 站与 UP 主的互动共创

品牌主与 UP 主的合作形式主要依靠花火平台(图 5-9)进行合作。

图 5-9　花火平台

花火平台能够提供品牌主和 UP 主公平交易的平台，另外也支持订单流程管理、平台安全结算等服务。一方面会增加双方收益，另一方面会减少不必要的纠纷。另外，花火为品牌主提供 UP 主智能推荐、多维数据展示、多项目协同管理等服务。因此，其适用范围为中品牌和腰部长尾 UP 主。

整个交易过程如下。

首先，品牌方根据营销目标选择合适的 UP 主进行询单。品牌方要明确营销是要做品牌宣传还是效果转化，品牌营销时注意占领用户心智，发挥"长尾效应"。在寻找 UP 主时，需要注意 UP 主人设和产品是否相符，还要考虑粉丝匹配度、粉丝黏性和忠诚度。

其次，品牌方执行下单，UP 主根据需求交付脚本以及初稿，客户满意进行确认，UP 主将内容发布。

最后，要对传播效果进行核查和舆情观察分析。

（1）传播效果核查。B 站后台（图 5-10）可以查看视频、评论、弹幕、用户等数据。

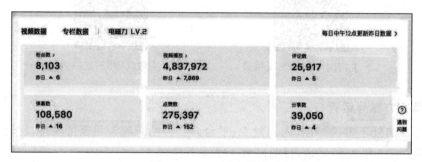

图 5-10　B 站视频数据

随时查看视频推广过程中（一般在推广 24 小时后）的播放量，查看是否在正常的波动范围内（图 5-11）。一旦没有达到需要，要及时联系 UP 主增加曝光机会，可以通过重新上传一遍视频的方式。

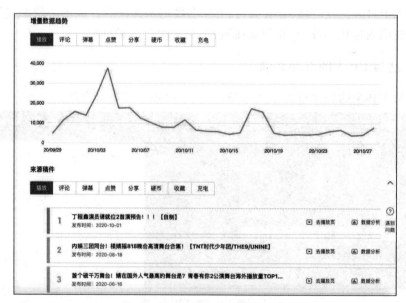

图 5-11　B 站视频增量数据趋势

如果一切正常,可以在内容投放后的 5~7 天,让 UP 主转发视频再一次进行曝光,也可以联系其他 UP 主对视频进行转发,加大二次传播的价值。

(2) 舆情观察分析。进行评论区及弹幕的情感分析,了解粉丝对推广的接受程度及讨论程度。

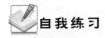
自我练习

一、单选题

1. B 站,全名"哔哩哔哩(bilibili)",昵称"小破站",于(　　)诞生,是中国年轻世代高度聚集的文化社区和视频平台。

  A. 2009 年 5 月 26 日　　　　　　B. 2009 年 6 月 26 日
  C. 2010 年 5 月 26 日　　　　　　D. 2010 年 6 月 26 日

2. (　　)营销模式是目前 B 站内容营销最主流的模式。

  A. PUGV 内容合作　　　　　　B. 品牌官方账号自营
  C. 官方 OGV 内容合作　　　　　D. 商业市场广告产品

3. 品牌主与 UP 主的合作形式主要依靠(　　)进行合作。

  A. 淘宝　　　　B. 花火平台　　　　C. 广告　　　　D. 京东

二、多选题

1. 在寻找 B 站 UP 主时需要注意(　　)。

  A. UP 主人设和产品是否相符　　B. 粉丝匹配度
  C. 粉丝黏性　　　　　　　　　　D. 粉丝忠诚度

2. 制作优质的 B 站视频时应该(　　)。

  A. 把握平台流行议题,了解流行的内容形式
  B. 了解 B 站流行文化
  C. 平衡流量内容与存量内容之间的比例
  D. 注册 B 站账号

3. 能更好地把握 B 站流行文化的是(　　)。

  A. 随便创作　　　　　　　　　　B. 实时的全站热门视频排行
  C. B 站编辑人工推荐的"每周必看"　D. 55 个入站必刷的视频

4. B 站的营销方式圈层内容具体包括(　　)。

  A. PUGV 内容合作　　　　　　B. 品牌官方账号自营
  C. 官方 OGV 内容合作　　　　　D. 商业市场广告产品

三、判断题

1. 影响 B 站视频推荐的因素有硬币、收藏、弹幕、评论、播放量、点赞数、分享数和更新时间。(　　)

2. 平衡 B 站流量内容与存量内容之间的比例时,一定要注意流量内容也要强化品牌角色,存量内容塑造品牌。(　　)

项目六

今日头条营销

总用户超过10亿,月活用户超过2.6亿,日活用户超过1.2亿的今日头条覆盖了中国最主流的消费群体,是一个非常重要的新媒体营销平台。通过完成本项目任务,可以初步掌握今日头条概述、今日头条的推荐机制、注册认证及文章内容输出、微头条内容输出和西瓜视频内容输出、头条号内容推广引流变现和运营数据分析五个方面的基本知识和技能,胜任与今日头条营销相关的工作。

项目任务书

课内学时	4	课外学时	持续2周,累计不少于4周
学习目标	知识目标 1. 理解头条的推荐机制 2. 了解头条的用户特征 3. 掌握头条的账户创建方法 4. 掌握头条的内容创作形式和技巧 5. 掌握数据分析和内容推广的常用工具和方法 技能目标 1. 能根据平台要求、行业特色和企业风格,设置平台账号基础信息 2. 能根据内容运营目标和平台特点,整合资源,输出文章、微头条和西瓜视频等内容 3. 能查看头条号后台数据,并分析研究数据提高运营效果 4. 能根据公司定位和规划方案,制订内容运营推广计划 思政目标 1. 头条内容创作中坚持原创、谨慎追逐热点、少用常见标题套路 2. 头条号账户设置注重体现自身特长及给用户提供的价值 3. 爆款微头条内容创作中坚持为用户创造价值的原则		
项目任务描述	1. 组建团队 2. 个人头条号装修 3. 今日头条文章内容策划 4. 今日头条文章引流推广		

续表

课内学时	4	课外学时	持续2周,累计不少于4周
学习方法	1. 听教师讲解相关知识 2. 看在线视频资料自学或复习 3. 动手实践		
所涉及的专业知识	今日头条概述、今日头条的推荐机制、注册认证及文章内容输出、微头条内容输出和西瓜视频内容输出、头条号内容推广引流变现和运营数据分析		
本任务与其他任务的关系	本任务与其他新媒体平台任务都是搭建新媒体营销矩阵的重要组成部分		
学习材料与工具	学习材料:1. 项目任务书后所附的基本知识 　　　　　2. 在线视频资料 工具:项目任务书、任务指导书、手机、计算机、笔		
学习组织方式	部分步骤以团队为单位组织,部分步骤以个人为单位组织		

 任务指导书

完成任务的基本路径如下。

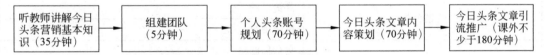

第一步,听教师讲解今日头条营销基本知识。

第二步,组建团队,填写团队任务分工表6-1。

表6-1 任务产出——团队任务分工

人员	组长	成员1	成员2	成员3	成员4	成员5
姓名						
分工						

注:所有人在完成本人负责部分任务的同时应该使总任务达到最优效果。

第三步,个人头条号装修。以团队为单位,对团队成员的头条个人号装修情况进行打分、评价,之后总结效果最好的一位同学,并分析原因,填写个人头条号装修情况分析汇总表6-2。

表6-2 任务产出——个人头条号装修情况分析汇总

项目	组长	成员1	成员2	成员3	成员4	成员5
用户名						
对用户名的评价						
简介						

续表

项目	组长	成员1	成员2	成员3	成员4	成员5
对简介的评价						
背景图						
地区设置						
装修截图						
成员评价排序（由高到低）						
装修最好的是： 原因分析：						

注：所有人在完成本人负责部分任务的同时应该使总任务达到最优效果。

第四步，今日头条文章内容策划。以小组为单位，使用一个新建头条个人账号为山东日照祥路碧海茶业有限公司开展一次头条号文章内容策划，并且填写表6-3的头条号文章内容策划分析汇总表。

表6-3 任务产出——头条号文章内容策划分析汇总

营销分析	营销目的
	目标用户
内容形式	文章标题
	文章首段
	文章中间段
	文章结尾段

第五步，今日头条文章引流推广。运用所学到的知识，运用小组成员个人头条账号进行文章的运营推广。推广作品一周后对小组成员进行点评，并填写今日头条文章引流推广点评表6-4。

表6-4 项目任务产出——今日头条文章引流推广点评

项目	组长	成员1	成员2	成员3	成员4	成员5
推广方式						
推广目的						
活动时长						
作品展现量						
作品阅读量						
作品点赞量						
作品评论量						
粉丝变化数						
活跃粉丝数						

续表

项目	组长	成员1	成员2	成员3	成员4	成员5
活跃粉丝占比						
粉丝总数						

内容引流推广效果最好的是：
原因分析：

项目任务评分标准及评分表

"今日头条"任务评分标准及评分表（总分100分）

学生姓名：_____

任务产出	团队分工表	个人头条号装修		今日头条文章内容策划		今日头条文章引流推广		
		评分标准（30分）	实际得分	评分标准（30分）	实际得分	评分标准（30分）	实际得分	
评分标准	10分	用户名（10分）		文章标题（10分）		作品展现量(4分)		总计
		账号简介（10分）		文章首段（10分）		作品阅读量(4分)		
		背景图（5分）		文章中间段（5分）		作品点赞量(4分)		
		地区设置（5分）		文章结尾段（5分）		作品评论量(3分)		
						粉丝变化数(4分)		
						活跃粉丝数(4分)		
						活跃粉丝占比(3分)		
						粉丝总数(4分)		
实际得分								

基本知识和技能

一、头条简介

微课：今日头条概述

今日头条（图6-1）是由北京字节跳动科技有限公司研发的新闻资讯类客户端，自2012年推出以来，凭借其智能的推荐算法和丰富的产品矩阵，满足了用户个性化的阅读需求，从而在新闻资讯市场迅速崛起。[24]

图 6-1 今日头条 Logo

今日头条目前拥有推荐引擎、搜索引擎、关注订阅和内容运营等多种分发方式,囊括图文、视频、问答、微头条、专栏、小说、直播、音频和小程序等多种内容体裁,并涵盖科技、体育、健康、美食、教育、三农、国风等超过 100 个内容领域。

二、头条用户

目前,头条的总用户超过 10 亿,月活用户数达 2.6 亿,日活跃人数超过 1.2 亿,日使用次数在 10~20 次占比约 40%,远远超过其他资讯平台使用的频次,使用 30 分钟以上约占总使用人数的 30%。

今日头条拥有 180 万位创作者,他们分布在 100 多个不同的领域,活跃的顶级大咖超过 1 万位。

总体来看,头条用户男性占比高于女性 10%,19~45 岁用户超过 70%,且 35 岁以上用户属于对头条使用偏好度特别高的重度用户,70% 用户分布在一线到三线城市(图 6-2)。扫描页边二维码,分析参看头条用户具体数据。

图 6-2 头条用户使用偏好

三、头条的个性化推荐机制

(一)头条的个性化推荐

个性化推荐是头条最大的特色。头条推荐系统有内容特征、用户特征和环境特征3个维度(图6-3)。

1. 内容特征

头条目前已经是一个综合内容平台,如图文、视频、直播、问答、微头条等,每种内容形式有自己的特征,系统需要提取不同内容类型的特征做好推荐。

今日头条用户人群数据分析:"95后"占6成,凌晨活跃度最高

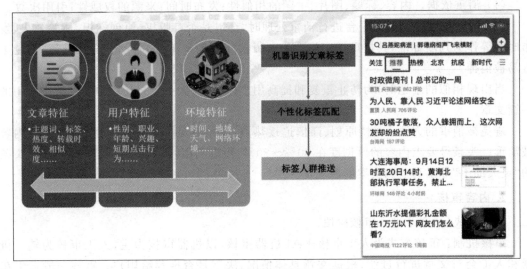

图6-3　头条推荐系统的3个维度

2. 用户特征

用户特征包括各种兴趣标签,从社交行为、阅读行为、职业、年龄、性别、地理位置等挖掘用户兴趣。

3. 环境特征

用户在工作场合、通勤、旅游等不同的场景,信息偏好有所偏移。

(二)头条内容推荐流程

从作者提交内容到内容被大规模推荐,头条的推荐过程大致可以分为九步:提交内容、内容消重、内容审核、特征识别、冷启动推荐、获取用户反馈数据、扩大推荐、再次获取用户反馈数据、大规模推荐(图6-4)。下面就其中的4个重点步骤进行解读。

微课:今日头条的推荐机制

1. 内容消重

内容消重就是指对重复、相似、相关的文章进行分类和比对,使其不会同时或重复出现在用户信息流中的过程。

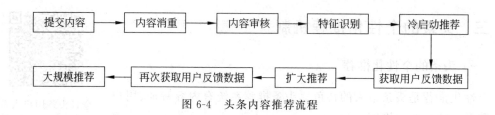

图 6-4 头条内容推荐流程

消重原因：从用户的角度看，用户不会希望看到两篇重复的文章。因此，消重可以最高效率地推荐用户感兴趣的内容，避免浪费一个推荐位置。

消重机制如下。

（1）消重依据。内容、标题、图片、主题的相似性；发布时间；来源的权威性；引用次数。

（2）消重权重。头条号平台进行消重处理时，会以是否有版权、原创标识、体验效果、发布时间等作为判断标准，其权重排序依次为有版权＞原创＞体验好＞先发，权重越大，越不容易被消掉。

当出现相似的主题时，为防止重复和提高用户体验度，头条号只让用户看到该主题中的一篇文章。

避免被消重的方法：坚持原创、谨慎追逐热点、少用常见标题套路，可以帮助避免内容被消重。头条号要求内容的原创度在 60%～80%，可以利用"乐观号""内容神器"以及头条的"灵犬助手"等工具监测文案的原创度。

2．内容审核

消重完成后，文章进入审核阶段。

审核机制：审核方式为人工审核＋AI 机器审核，以机器审核为主，人工审核为辅。机器和人工会对文章进行过滤，根据文章具体情况，决定是否推荐给用户。审核一般发生在 3～5 分钟，最迟不会超过 24 小时。

审核不通过的原因如下。

（1）标题。信息敏感、冒用头条名义、含有特殊符号等。

（2）正文。格式不完整，重复，内容低俗、低质量。

（3）包含推广信息。头条禁止二维码宣传或者是其他产品软文。

（4）广告。包含硬广告或低质量的营销广告。

避免审核不通过的方法如下。

（1）制作规范的标题。

（2）提供优质原创的内容。

（3）抵制推广广告信息、软文等。

扫描页边二维码，参看今日头条内容电商创作管理规范。

今日头条内容电商创作管理规范

3．特征识别

文章被审核通过后会进行特征识别。特征识别也称关键词识别。平台会根据文章标题、内容中出现的关键词进行有针对性的推荐。

如果识别为篮球，那么接下来会审核是中国篮球还是 NBA 等，如此一级一级划分，一共分成四级（图 6-5）。头条号会根据这些分级和实体词推荐给符合这些条件的用户。因此,内容创作者要在文章的标题、正文第一段及最后一段等重点位置贴上关键词标签,以便被机器识别。另外,选择标签时,应尽量选择用户群体大的标签,例如,相对于"粉底""婴儿奶粉"等标签,"美妆"和"母婴"等大类标签会触达更多用户。

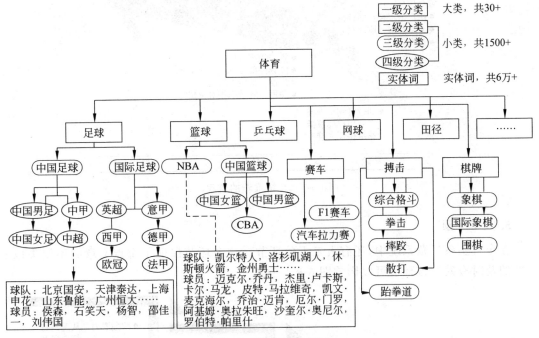

图 6-5　特征识别机制

4. 系统推荐

特征识别完成后,内容会被推荐给用户。头条推荐机制的特点如图 6-6 所示。

系统会先把文章推荐给可能感兴趣的用户,如果点击率高,再一步一步扩大范围推荐给更多相似的用户。

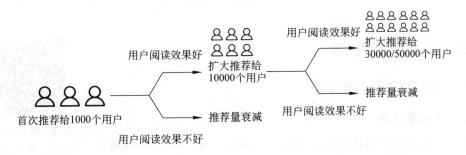

图 6-6　头条推荐机制的特点

如图 6-7 所示,推荐机制首先会试探性地推荐给最可能感兴趣的用户,如订阅者、兴趣相同和相似的人群,然后根据他们的反馈进行下一步调整,这个过程被称为冷启动。如果该文章获得点击率高、阅读完成率高、收藏转载高及评价正面等一系列的正反馈,头条号会加大对该文章的推荐。反之,则会限制推荐。

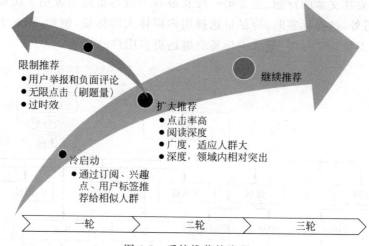

图 6-7　系统推荐的流程

5. 人工干预

在今日头条运营系统中，还有人工干预环节。这个环节保证了重点文章的不错失以及文章的及时有效。该环节可以影响图 6-8 4 个部分。

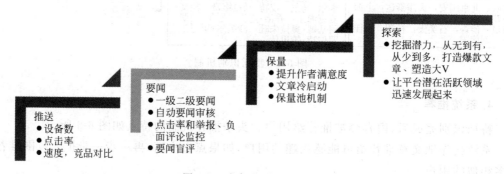

图 6-8　头条人工干预环节

四、头条营销技能

（一）账号注册与资料设置

1. 个人账号注册

进入头条号注册网址 https://mp.toutiao.com/，绑定未注册过头条号的手机号码进行注册，注册过程设置名字、头像、简介等信息，最后在手机下载今日头条 App，用注册头条号的手机号码进行登录，并按指示进行实名认证。需要注意的是，一个身份证只能注册一个账号。

2. 企业账号注册

申请企业账号，需提交营业执照和确认书。如果进行企业认证，可进入网址 https://renzheng.toutiao 进行认证。

微课：账号注册认证及文章内容输出

头条号账户在设置过程中,需要注意以下问题。

(1) 头条号的名称与介绍应说明自己的特长及给用户提供的价值,便于用户识别、关注与搜索,且原则上应与其他新媒体平台名字保持一致,从而减少用户的认知成本。

(2) 入驻头条号时定位的领域不可修改。头条号作者应确保所写文章与所在领域相关,以便于品牌的建立及日后签约的申请。

头条号后台主要有四大功能:发头条、内容管理、评论管理、内容分析。

(二) 头条号内容输出

头条号内容创作主要包括文章、微头条、音频、视频、图集。

1. 文章内容输出

如图 6-9 所示,在头条号的个人主页,点击"发表"按钮,可以发表头条号文章。

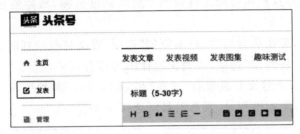

图 6-9　今日头条文章发表

头条文章可以先通过 Word 文档完成文字、图片等的编辑,并且利用监测工具辅助完成原创度监测,然后通过后台"文章导入"按钮完成上传。

1) 文章标题创作

以头条账号——中国网的文章:"我们首批丁克夫妇已退休,没有儿孙的晚年,过得怎么样?"和头条账号——果树圈子的文章:"12 个退出江湖的冷门苹果品种,你希望哪一个能重出江湖?"为例,标题创作需要把握以下技巧。

(1) 标题格式要规范。

(2) 标题要清晰、准确地反映文章内容,并且要出现关键词标签。

(3) 标题要吸引人,可恰当借用热门关键词,并参考借鉴同类内容的优质标题。

(4) 标题不宜过短,宜采用 20~28 字的长标题。

2) 文章正文创作

文章正文创作可以从文章首段、文章中间部分、文章结尾段 3 个部分考虑。文章内容设计要图文结合。

文章第一段的主要功能是吸引用户继续阅读,因此,内容创作时要注意内容与标题有机结合,避免被用户投诉标题党。同时,为了更有利于文章推荐,第一段中需植入关键词标签。例如,红富士苹果是当下苹果中的主流品种,嘎啦则是早熟苹果品种中的代表品种,这两者占了苹果中的"九斗"。很多苹果老品种在红富士苹果的压力下退出了江湖。

文章中间部分的主要功能是留住用户。因此,此部分内容要保持可读性,长度宜控制在 500~1000 字。另外,配图要美观,持续吸引读者。

文章结尾部分要引导用户进行评论,同时也要植入关键词标签提升文章推荐指数。例如,对于消费者来说,你更期待哪一个苹果老品种能重出江湖呢?

3)发布文章

发布文章需要注意以下两点。

(1)封面图设计。以最近几年一直在今日头条上热传的文章《看到这样的任正非,我们又怎能忍心负了他和华为》的封面图为例(扫页边二维码查看该图片),设计封面图的注意事项如下:①尺寸不小于 660mm×370mm;②宜选用 3 图模式,且 3 张图片要有差异;③要与正文内容密切相关;④不能出现如二维码、电话、微博、微信号、QQ 号等任何联系方式,不能推广第三方平台账号;⑤不能含有非法健康医疗广告和令人不适的内容。

头条号封面图

(2)发布设置。在头条号的个人主页单击"发表"按钮,可以发表头条号文章。

头条文章之前可以先通过 Word 文档完成文字、图片等的编辑,进行文字拼写及内容的检测,避免文章错误,并且利用监测工具辅助完成原创度监测,然后通过后台"文章导入"完成上传。

如果是原创文章,可在后台勾选"声明原创"选项;发文特权选择时,一般会勾选"允许赞赏"选项,如果选择"扩展链接"选项,要确保链接内容符合相关规定。

如图 6-10 所示,头条号文章发布有"发布"和"定时发布"两种形式。为避免被机器人误识别为全网发布文章,影响推荐量,发布时最好选择手动发布。

图 6-10 头条号文章发布

文章发布后可以通过后台的"数据"管理模块查看前一日文章的展现量、阅读量、阅读时长、点赞量及评论量等。在"作品管理"模块,可以查看当前文章的上述相关数据。

2. 微头条内容输出

如图 6-11 所示,微头条是今日头条中一种基于社交媒体的内容发布方式,用户可通过发布图文、短视频、直播等形式进行互动,逐渐建立起社交关系。[25] 在微头条,用户每天产生的互动数量超过 2000 万,发布量近 1000 万,活跃的大咖超过 1 万位,因此,微头条能够有效帮助实现快速涨粉、增强粉丝黏性、打造个人 IP 等。

微课:微头条内容输出和西瓜视频内容输出

图 6-11 微头条

结合头条号"李永乐老师"的微头条,分析得出爆款微头条的特点如下。
(1) 账号定位垂直领域。
(2) 人设有个性、有乐趣。
(3) 内容专业、有增量,能为用户创造价值。
(4) 配图好看。
(5) 与用户深度互动。
(6) 内容稳定更新。

头条号"李永乐老师"的微头条

基于以上特点,撰写微头条时需要注意以下事项。
(1) 结合产品生产高质量内容,注重内容的原创性和垂直性。账号不垂直或者内容涉嫌抄袭或含有营销信息会减少推荐,甚至不被推荐。
(2) 通过后台个人中心的粉丝画像了解用户偏好,结合所在领域的热点资讯创作内容,满足用户的情感型内容需求或实用型内容需求。
(3) 结构巧妙。写作时通过设置悬念、提问等方式引导读者读完内容。
(4) 排版清晰、配图美观、合理。图片一般采用为三、六、九宫格形式,文字一般在 100～300 字。
(5) 在评论区与用户互动,引导用户关注。
(6) 坚持发文,每周保持 3～5 条发文量,种草类微头条每天发布量不要多于 5 条。

3. 视频内容输出

头条的视频主要有两类:头条小视频和西瓜视频。头条小视频是竖屏视频,可以选择将抖音的视频直接同步,不再建议单独制作。西瓜视频是横屏视频,并且是国内第一个全面免费开放 4K 功能的视频平台。

"李永乐老师""毒角 SHOW""美食作家王刚"等创作人相继创作出了一批优质内容。李永乐老师 2018 年入驻西瓜视频,制作出《考清华和中 500 万哪个更难》的内容,在站内引起巨量关注,站外引发了一波的转发报道。他的内容紧跟社会热点,趣味解读各种社会议题。2020 年,李永乐老师的视频仅上半年就涨粉 500 万,一期视频可积累两千万观看。

西瓜视频 Logo

"李永乐老师"的西瓜视频

(1) 视频比例最好保持在 16∶9。封面图画面清晰,体现视频亮点,用关键词吸引用户注意力。
(2) 视频标题撰写可采用三种形式:用户共鸣型、记述故事型和开门见山型。标题中植入关键词标签,例如,"国宴大师做全国人民都爱吃的西红柿炒鸡蛋,围观学习在家操练起来",这个标题很容易引起用户共鸣。还有李永乐老师的"如何才能摆脱贫穷?穷人和富人有什么差别?诺贝尔经济学奖解读"就是典型的开门见山式标题,直接提出问题,并给出了解决方案。

(3)视频要保持原创度,内容中避免出现广告、联系方式、Logo水印等违规信息。

(4)保持账号活跃度,建议至少两天更新一次。

头条号"李永乐老师"的视频标题

除掌握头条文章、微头条、视频内容输出技巧以外,我们还要特别注意内容更新的频率和时间。原则上,文章每周至少更新3篇;微头条每日更新;视频每周至少更新4条。此外,为保证平台对第二天内容的推荐量,最好在每晚22:00前完成内容更新。

(三)头条号内容引流和变现盈利

1. 引流方式

视频、直播、问答、文章、微头条等可以帮助头条涨粉,但内容运营更重要的是实现引流。头条引流可以通过以下3种途径完成。

(1)文章内容中植入诱饵,例如,内容中包含尚未完全呈现的PPT等干货内容,可以引导用户加个人号索取。

微课:头条号内容推广、引流变现和运营数据分析

(2)在文章底部添加内容,如"更多文章请关注微信公众号×××",引导用户关注私信。

(3)通过头条自定义菜单栏设置,在头条后台设置—功能设置—自定义菜单加入链接,用户阅读时会进行跳转。

2. 变现盈利

变现盈利有销售产品和广告收益两种途径。

销售产品:粉丝量超过1万,可开通商品卡功能,直接链接淘宝、天猫、京东等平台产品;另外,可以开通头条小店销售产品。

广告收益:文章阅读量高可以产生相应的广告收益。

(四)头条号数据运营分析

头条号后台可以查看文章、视频、引流、销售、用户等数据,分析研究数据可以帮助提高运营效果(图6-12和图6-13)。

(五)头条号内容推广

目前新媒体平台的图文渠道有微博、知乎、百家号、搜狐号、头条号、公众号、豆瓣、简书、大鱼、一点资讯、网易号。为提升内容推广效果,可采用一文多发,即一篇文章同步发布在多个平台。

一文多发需要注意以下几点内容。

(1)首先在核心运营平台发布内容。除微信公众号外,每个平台对内容都有原创性要

图 6-12　头条号粉丝数据

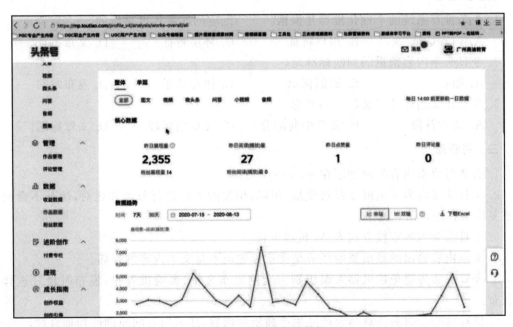

图 6-13　头条号作品数据

求,因此需要注意内容在平台的发布顺序。一般情况下,可以选择首先在头条发布,随后依次选择百家号、知乎、微博、微信。

(2) 结合平台的兴趣爱好设计内容标题,如头条号采用个性化推荐机制,标题创作偏向关键词的有效植入。

(3) 利用"蚁小二"等内容分发工具,帮助实现快速分发,提高效率。

扫描二维码,参看今日头条社区规范及今日头条使用指南。

"蚁小二"内容分发工具

今日头条社区规范

今日头条使用指南

 自我练习

一、单选题

1. 今日头条是(　　)科技有限公司于2012年3月开发的一个通用信息平台。
   A. 阿里巴巴　　　B. 腾讯　　　　C. 百度　　　　D. 字节跳动
2. 今日头条内容创作不包括(　　)。
   A. 文章　　　　　B. 视频　　　　C. 微头条　　　D. B站视频

二、多选题

1. 头条推荐系统的个性化推荐是根据(　　)维度的匹配程度进行的。
   A. 内容特征　　　B. 用户特征　　C. 环境特征　　D. 文章特征
2. 今日头条内容消重的判断标准是(　　)。
   A. 版权　　　　　B. 原创标识　　C. 体验效果　　D. 发布时间
3. 文章正文创作可以从(　　)考虑。
   A. 文章首段　　　B. 文章中间部分　C. 文章结尾段　D. 文章标题

三、判断题

1. 头条号要求内容的原创度在60%～80%。　　　　　　　　　　　　　　　(　　)
2. 今日头条内容消重就是指对重复、相似、相关的文章进行分类和比对,使其不会同时或重复出现在用户信息流中。　　　　　　　　　　　　　　　　　　　　　　　(　　)
3. 今日头条内容审核方式为AI机器审核。　　　　　　　　　　　　　　　(　　)
4. 文章内容输出的最重要的环节是文章标题而不是文章内容的好坏。　　　(　　)
5. 今日头条为避免被机器人误识别为全网发布文章,影响推荐量,发布时最好选择手动发布。　　　　　　　　　　　　　　　　　　　　　　　　　　　　　　　　(　　)
6. 撰写微头条时需注意结合产品生产高质量内容,注重内容的原创性和垂直性。
   　　　　　　　　　　　　　　　　　　　　　　　　　　　　　　　　(　　)
7. 西瓜视频是横屏视频,并且是国内第一个全面免费开放5K功能的视频平台。
   　　　　　　　　　　　　　　　　　　　　　　　　　　　　　　　　(　　)
8. 今日头条19～45岁用户占比超过70%。　　　　　　　　　　　　　　　(　　)
9. 头条号采用个性化推荐机制,因此标题创作偏向关键词的有效植入。　　(　　)

项目七

知乎营销

有问题就会有答案,知乎作为一个问答平台,以"让人们更好地分享知识、经验和见解,找到自己的解答"为品牌使命,以求知务实为出发点,树立品牌形象。通过完成本项目任务,可以初步掌握知乎账号运营的基本常识、内容创作和引流推广的基本技巧和方法等基本知识和技能,胜任与知乎营销相关的工作。

 项目任务书

课内学时	4	课外学时	持续2周,累计不少于4周
学习目标	知识目标 1. 理解知乎的产品矩阵 2. 了解知乎的推荐机制,了解知乎盐值,了解提升机构号及个人盐值的方法 3. 了解知乎内容创作的方法 4. 掌握知乎引流和推广技巧 技能目标 1. 能理解平台规则,能够完成知乎账号的注册,设置账号基本信息 2. 能够根据知乎的规则,不断提升知乎盐值,提高被系统推荐的可能性 3. 能够根据平台的内容特点和形式,利用知乎账号创作及回答问题;挖掘合适的问题并撰写回答,区分不同的问题采用不同的回答技巧 4. 能够选择合适的方式完成知乎的引流和推广 思政目标 1. 培养建立积极求知、乐于探索的思维模式 2. 学会甄别和创作主旋律的知乎内容 3. 学习和输出客观描述、内容翔实、严肃有深度、积极向上的知乎内容		
项目任务描述	1. 组建团队 2. 知乎账号规划 3. 知乎内容策划 4. 知乎引流和推广		

续表

课内学时	4	课外学时	持续2周,累计不少于4周
学习方法	1. 听教师讲解相关知识 2. 看在线视频资料自学或复习 3. 动手实践		
所涉及的专业知识	知乎营销概述、知乎的产品矩阵、用户特征、推荐机制、账号搭建、内容选题策划,引流和推广		
本任务与其他任务的关系	本任务与其他新媒体平台任务都是搭建新媒体营销矩阵的重要组成部分		
学习材料与工具	学习材料:1. 项目任务书后所附的基本知识 　　　　2. 在线视频资料 工具:项目任务书、任务指导书、手机、计算机、笔		
学习组织方式	部分步骤以团队为单位组织,部分步骤以个人为单位组织		

 任务指导书

完成任务的基本路径如下。

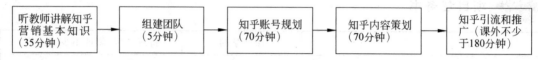

第一步,听教师讲解知乎营销基本知识。

第二步,组建团队,填写团队任务分工表7-1。

表7-1　任务产出——团队任务分工

人员	组长	成员1	成员2	成员3	成员4	成员5
姓名						
分工						

注:所有人在完成本人负责部分任务的同时应该使总任务达到最优效果。

第三步,知乎账号规划。创建个人知乎账号,填写账号基本信息,完善账号定位,编写账号简介等重要信息。以团队为单位,对团队成员知乎账号搭建情况进行打分、评价,之后总结效果最好的一位同学,并分析好的原因,填写知乎账号规划情况分析表7-2。

表7-2　任务产出——知乎账号规划情况分析

项目	组长	成员1	成员2	成员3	成员4	成员5
用户名						
头像						
账号简介						
专业认证						
兴趣设置						

续表

项目	组长	成员1	成员2	成员3	成员4	成员5
个人IP打造						
账号装修后效果						
成员评价排序（由高到低）						
账号规划最好的是： 原因分析：						

注：所有人在完成本人负责部分任务的同时应该使总任务达到最优效果。

第四步，知乎内容策划。以小组为单位，为山东日照祥路碧海茶业有限公司开展知乎内容策划与制作，首先根据目标用户和营销目标，搜索领域热点话题，挖掘合适的问题并认真撰写回答。填写"知乎内容策划分析汇总"表7-3。

表7-3 项目任务产出——知乎内容策划分析汇总表

挖掘的问题	
属于哪一类型的问题	
回答问题开头的方法	
回答问题用到的技巧	1. 2. 3.

第五步，知乎引流和推广。运用所学到的知乎知识，在知乎上传和发布回答一周之后运用小组成员知乎账号进行内容推广，包括站内推广和站外推广。小组成员一周后对个人推广作品进行点评。组长负责填写知乎内容推广表7-4。

表7-4 项目任务产出——知乎内容推广

项目	组长	成员1	成员2	成员3	成员4	成员5
推广方式						
推广目的						
活动时长						
点赞量						
评论量						
转发量						
收藏量						
涨粉量						
内容推广效果最好的是： 原因分析：						

项目任务评分标准及评分表

"知乎营销"任务评分标准及评分表（总分 100 分）

学生姓名：_____

任务产出	团队分工表	知乎账号规划		知乎内容策划		知乎内容推广		
		评分标准（30分）	实际得分	评分标准（30分）	实际得分	评分标准（30分）	实际得分	
评分标准	10分	用户名及头像（5分）		选题创意方向（10分）		点赞量（6分）		总计
		账号简介（5分）		近一周自然评论量（10分）		评论量（6分）		
		专业认证（5分）		符合知乎的社区自律公约（10分）		转发量（6分）		
		兴趣设置（5分）				收藏量（6分）		
		个人IP打造（5分）				涨粉量（6分）		
		内容风格（5分）						
实际得分								

基本知识和技能

微课：知乎简介

一、知乎简介

知乎是中文互联网高质量的问答社区和创作者聚集的原创内容平台，于 2011 年 1 月正式上线。到 2018 年 11 月底，官方公布注册用户已经超过 2.2 亿，月活跃用户达 2358 万人（图 7-1）。以"让人们更好地分享知识、经验和见解，找到自己的解答"为品牌使命，2021 年知乎品牌 Slogan 由"有问题，上知乎"升级为"有问题，就会有答案"。

知乎档案			
上线时间	注册用户	月活跃用户	性质
2011年1月26日	超过2.2亿	2358万人	问题平台
交流方式	排序机制	用户特征	
问答	点赞	高知阶层	

图 7-1 知乎档案

知乎以问答业务为基础，经过近十年的发展，已经成为综合性内容平台，覆盖"问答"社区、全新会员服务体系"盐选会员"、机构号、热榜等一系列产品和服务，并建立了包括图文、音频、视频在内的多元媒介形式（图 7-2）。

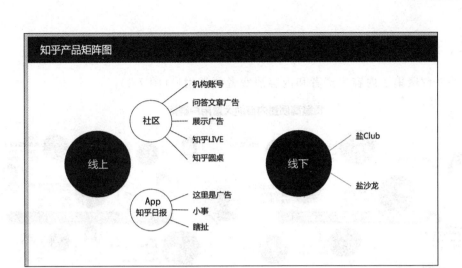

图 7-2 知乎产品矩阵

知乎聚集了中文互联网科技、商业、影视、时尚、文化等领域最具创造力的人群，目前已成为在综合性、全品类等诸多领域具有关键影响力的知识分享社区和创作者聚集的原创内容平台，并建立了以社区驱动的内容变现商业模式。

知乎的话题覆盖广泛，且行业划分颗粒度细（图 7-3）。知乎作为 UGC 内容原创基地，话题分布广泛，主题集中在生活、健康、教育、科技、心理学等领域，可以说"既有量子纠缠，也有柴米油盐；既有多愁善感，也有出国考研；既有诗与远方，也有打工赚钱"，构成了一个几乎覆盖人类全部知识的知网网络，过百亿阅读量的多元化垂直话题几乎全面覆盖了用户对知识的需求。

图 7-3 知乎话题

从莫言、袁隆平、刘慈欣到钟南山，那些看似艰难的问题，已经有了自己的答案。知乎作为一个知识创造与分享平台，形成了较为成熟的深度内容生产模式，展现了较高的专业度和严谨性，在内容同质化、碎片化日益严重的今天，建立可信的品牌价值，成为内容营销的必选平台之一。

二、知乎用户

知乎平台聚集了内容生产者和内容消费者两类用户(图7-4)。

图 7-4　知乎用户

1. 内容生产者

知乎拥有大量的内容生产者,既包括具有创造力和影响力的各行业意见领袖,如郎朗、李开复、李银河、Raymond Wang 等,又包括充满好奇心的求知大众和新知人群,如葛巾等。艾瑞分析认为,在信息爆炸的时代,通过积极的运营策略,营造良好的社区氛围,激励高质量的内容生产者持续生产优质内容已经成为平台竞争的核心壁垒。

2. 内容消费者

内容消费者的特征是用户群体多元,新兴中产和影响力人群占主流。

如图7-5所示,从性别、年龄及地域等多个维度来看,知乎用户呈现多元化分布的趋势。在性别上,知乎男性用户占比56%,女性用户占比44%,男女比例正在接近均衡;年龄层面,24岁以下的新新人类和25~40岁的社会中坚,则分别占比30%和42%,是知乎的核心群体;从地域上看,知乎用户的分布相对均衡,从一线城市到五线城市都有知乎的用户,其中一

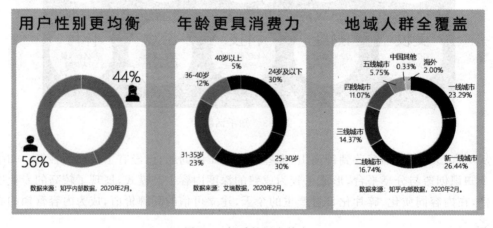

图 7-5　知乎的用户特点

线、新一线、二线城市用户占比为 66.47%。可以说,新兴中产和影响力人群已经成为知乎用户的主流。

从以上大数据分析可以看出,知乎用户具有以下 3 个特征(图 7-6)。

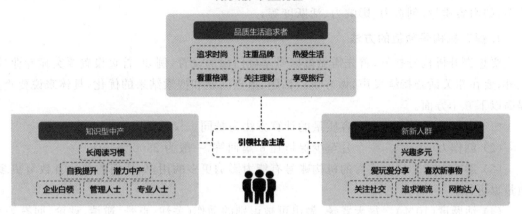

图 7-6　知乎用户特征

(1) 追求时尚、注重品牌、着重格调,是品质生活的追求者。
(2) 关注自我提升,保持良好的阅读习惯,是知识型中产。
(3) 兴趣多元、喜欢新事物、爱玩爱分享,是新时代新新人群。

三、知乎的推荐机制

知乎的规则主要在于不断提升知乎盐值。知乎的盐值相当于账号的整体评分,用户可以通过 App→在"我的头像"下查看"知乎盐值",盐值越高,获得的权限(图 7-7)越多。

微课:知乎账号运营

按照账号的类型不同,盐值分为机构号盐值和个人盐值。

图 7-7　盐值权益

(一)机构号盐值

1. 机构号盐值的定义

机构号盐值是机构号的综合评分,分为 V1～V7 七个级别。影响机构号盐值的因素有很多,如内容质量、创造力、影响力、活跃度等。

2. 提升机构号盐值的方法

要想提升机构号盐值,首先需做好账号基础门面的设置,例如,首页设置要突显专业性。此外,要在相关话题持续发声,做好重点话题、重点问题和搜索结果的优化,具体来说要重点提高以下 6 个方面。

(1)内容质量(40%)。内容质量的计算方法为赞同+权重赞同+喜欢-反对。

(2)创作力(30%)。一个月至少保持在 6 篇回答,一般为 2500 字。

(3)影响力(20%)。优秀的机构账号有能力影响更多的用户,他们的关注者数量更多,质量也更好。

(4)活跃度(10%)。每天登录,做出可被识别的动作(关注、点赞、邀请、评论、回答等)。

(5)任务奖励。任务奖励属于送分题。

(6)信誉评级。优秀的机构账号要遵守社区行为规范,没有违规行为,保持良好的信誉记录。

(二)个人盐值

对于个人账户来说,账户的高盐值会给账户拥有者在编辑问题、编辑话题、快速反馈和投票权重方面带来更多的权益。那么如何提升个人账户的盐值呢?如图 7-8 所示,主要通过以下 5 方面来做到。

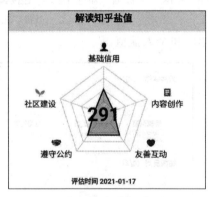

图 7-8 盐值解读

个人信息

1. 基础信用

基础信用是知乎盐值的重要组成部分。知乎是通过个人账号行为,如个人信息完善程度、个人账号历史处罚情况等进行数据归纳和赋权计算,从而评估出你在基础信用维度的指数。提升基础信用的方法如下。

(1)完善个人信息。个人账户的拥有者要尽可能完善知乎个人资料、绑定手机号,积极进行个人认证,在自己专业的领域中获取优秀答主等荣誉标识。

(2) 避免违规。如果账号信息存在违反知乎社区规范的内容,违规信息将会被重置,同时基础信用指数也会相应减少;如果个人账号因发布违规内容导致被禁言、锁定、封禁等账号级处罚,基础信用指数也会相应减少。

2. 社区建设

提高社区建设的盐值的方法如下。

(1) 准确举报。要提高个人账户在社区建设领域的盐值,账户拥有者要多进行准确举报,为净化社区内容做出贡献。

(2) 公共编辑。让个人账户的拥有者参与改善与优化知乎的公共内容,包括问题、话题两大模块,问题必须绑定话题,而话题又影响首页传播。

公共编辑知乎的问答功能,使问题与话题变好,进而影响内容正常展示与良好传播的功能。简而言之,公共编辑的目的,就是让内容更加优化。因此,个人账户拥有者要多参与公共编辑来提高自己的盐值。

(3) 加权反对。个人账户拥有者通过点击"反对"按钮,将没有用的回答折叠,那些说的不对、答非所问、煽动情绪的回答都可以通过反对进行折叠。

3. 遵守公约

个人账户拥有者通过严格遵守公约来提升盐值,遵守公约主要是防范内容创作中的7个雷区,包括政治敏感、不友善、不规范转载、垃圾营销、滥用产品功能、低质内容、违规提问。

4. 友善互动

在知识、经验和见解的分享和讨论中,观点之争不可避免,但知乎鼓励大家相互尊重体谅、友善参与社区互动。因此知乎会根据知友们与他人互动中所发布的内容以及赞同、喜欢等行为来综合评定个人账户的友善互动指数。综上所述,个人账户拥有者可以通过文明理智友善的创作发布内容,经常为他人点赞、收藏来增加个人账号的盐值。

5. 内容创作

内容创作指数,是衡量个人账户拥有者发布的创作内容分值的体现方式。知乎鼓励个人账户拥有者创作优质原创内容以提升指数数值。知乎将根据个人账户拥有者在站内创作发布的内容,进行质量算法模型定性评估,以及通过对发布内容获得的赞同、反对、评论、收藏等一系列行为,进行赋权计算换算综合评分。

以下内容创作可以提升盐值。

(1) 原创优质内容,即不对内容进行抄袭、洗稿整合、非授权转载等操作。

(2) 在垂直领域持续创作内容,创作专注度越高,内容专业性越强,知乎将根据该内容在领域下的权重,对内容进行优先排序和推荐。

(3) 内容中尽量使用客观描述,内容翔实,避免存在煽动情绪等言论。

(4) 内容严肃有深度、积极向上,能对其他知友产生知识沉淀和帮助。

(5) 知友们的赞同、喜欢、收藏等正向反馈将有助于创作指数的提升。

好的内容创作还要避免陷入内容虚假、低俗、迷信和标题党的误区。

四、知乎营销技能

如图 7-9 所示,知乎的创作形式包括"回答问题""发视频""写文章""写想法""专栏""live"和"圆桌"。其中,知乎 live 是知乎推出的实时问答互动产品,而知乎圆桌就是围绕一个特定主题,由 5~8 名嘉宾参与讨论,一般为期一周。

图 7-9 知乎创作模块

(一)挖掘合适的问题

挖掘合适的问题是内容创作的关键一步。

1. 挖掘合适的问题的步骤

如图 7-10 所示,首先,在知乎上寻找关注度高的问题,关注度越高,意味着流量越大,最低起点是搜索关注度大于 500 的问题。

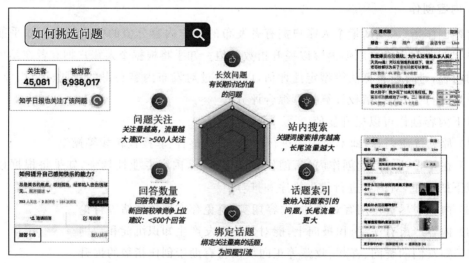

图 7-10 如何挑选问题

其次,寻找长效问题,长效问题是指发表时间长,且被用户持续关注,并不断讨论回答的问题,有价值的长效问题能带来持续的流量和转化。

再次,善用站内搜索,关键词搜索排序越高,长尾流量就会越大。

除此之外,还要利用好话题索引和绑定话题。

特别需要注意的是,问题的回答数量并非越多越好,原因是回答的数量越大,新的回答就很难上位,因此建议回答关注度小于 500 的问题。

2. 优秀机构号选题案例

被 36 万人关注的沪江机构号,在挑选问题时,正是抓住了具有长尾效应的话题,继而进行内容创作,用其专业知识背景,将各个语言的特点一一列出,并提供了学习资源链接,获得了 16000 多人的赞同和 7000 多人的喜欢。

(二)撰写回答

选择适合自己的问题后,接下来最重要的就是进行回答。知乎非常认可专业回答,必须有足够优质的回答,才有机会收获更多的赞评,从而获得推荐。知乎本身非常欢迎干货实用型内容,因此也把更多的流量倾斜到高质量的深度回答上。

撰写出能够吸引关注,且具有专业和深度的回答至少要包含图 7-11 所示 4 个特点。

图 7-11 好的内容创作特点

微课:知乎内容创作

1. 引人入胜的开头

好的开头要一下子让人信服,让人有继续读下去的兴趣,通常可采用个人感受与经历法、专业经验法和优质内容保证法来开头。

(1)个人感受和经历法。以自己的特别经历和感受吸引人,这种方法必须保证你的感受独特,经历与众不同。

(2)专业经验法。专业经验法以专业人士的亲身经验来获得读者的信任和继续阅读的兴趣。

(3)优质内容保证法。优质内容保证法,就是用专业、可靠和用心创造赢得读者信赖。扫描页边二维码,查看这篇有关如何选择液晶电视的回答。

个人经历开头法

专业经验开头法

原创保证开头法

2. 清晰的框架,让读者一目了然

优秀回答的框架具有以下3个特征。

(1) 主论点和分论点不宜超过3个。主论点和分论点过多,不仅会让读者感到复杂,也会让读者产生不想再继续阅读的畏难情绪。因此,除论点清晰外,还要注意段落分明,以便让读者对于该回答的框架结构一目了然。

(2) 提高可信度。使用名人名言、知名理论和佐证案例提高可信度。

(3) 丰富的可视化。在回答中插入恰到好处的图片、思维导图、视频、动画来增加内容的直观性。

主论点分论点写作

提高可信度

丰富的可视化

3. 区分不同类型的问题采用不同的回答手法

一般来说,知乎的回答分为以下几种类型。

(1) 故事型回答。以"剪辑初学者如何开始学习视频剪辑?"这一问题的回答为例进行介绍。

该作者在回答中主要讲述和分享了关于自己是如何学习视频剪辑的经历,与此同时还在故事中植入了产品的推广广告。真实的经历更容易打动别人,让读者感同身受,因此该回答获得了高赞,在该问题的回答中,作者就采用了故事性的回答技巧。

故事型回答虽然是讲故事,但讲故事不是最终目的,故事背后的产品才是文章的关键所在。听故事是人人喜欢且最容易接受的学习知识的形式,如果可以把故事"讲"得很好,有趣味性、合理性及知识性,那么这篇故事型回答将会获得巨大的成功。故事型软文篇幅不一定很长,只要能让读者看清楚、明白、记忆深刻,就是成功的故事型回答。

(2) 分享型回答。分享型回答是知乎个人IP打造、吸粉、引流利器,例如,如何在大学中做一个自律的人。

这种问题一般会困扰很多人,但却只有很少的人知道怎么解决,而解决方案也相差很大。答好这一类问题最简单的方法就是:要有足够的知识广度和深度,同时答主在亲身经历的事情上有丰富的实践经验。如果想快速了解某个领域的知识,甚至成为这个领域很厉害的人,那么最好的方法就是教别人,帮助别人。因为在这个过程中会逼着自己去学很多东西,把自己了解不足的知识进行系统化梳理,从而越来越专业。

(3) 盘点型回答。有哪些是你踏入社会才明白的道理?网络上有哪些免费的教育资源?有哪些可以提升情商、判断力和谈话技巧的书籍?这些问题适合采用盘点型回答。回答这类问题的关键是要让读者感受到你的回答全面且很有道理。例如,有哪些你踏入社会才明白的道理。该条问题2017年出现在知乎上,有8000多人回复,其中一答主的回答获得4.9万人点赞,近1500人评论,答主整理了24条建议,处处干货,触人心弦,体现出盘点型问题回答的最全、最强、最完整、最精华等特点。

故事型回答　　　　　　　分享型回答　　　　　　　盘点型回答

4. 打动用户，实现行动转化

单单做好内容当然是不够的，还要做好内容转化。对于不同的内容而言，转化的方式自然也有差别。

例如，针对盘点型的内容导流，这位答主在回答中列举多个礼物的品牌，其中第二个就是自家品牌，润物细无声地为自己的品牌获取了大量的免费流量。

盘点型内容导流

如果想要在众多盘点的内容中提升自己品牌的转化率，又不希望大家认为这是一篇纯软文。可以多盘点一些同类的优质品牌，但是在文字描述中避重就轻地夸其他品牌，把重点放在自己的品牌上。

而故事型的内容，则可以有更加润物细无声地植入。例如，品牌想要推广一款美白护肤品，可以让 KOL 写一篇这样的软文：刚开始自己的皮肤很差，后来是怎么一步步变好的，然后说出自己用了某个品牌的身体乳。

在二次更新的时候，可加入因为很多知友在找自己要购买方式，就把品牌分享出来，顺便夸下产品的优点，能够得到比硬广告更好的效果。

当然，干货型的植入则可以显得更加强势。例如，品牌邀约 KOL 做了一篇很干货的内容分享，其实本身这个内容的可信度就很高了，这个时候答主列举的品牌也很容易收获用户的信任。只要不是太生硬地植入广告，往往都能取得不错的转化效果。

时代的快速变革让我们触碰了前人所不曾触及的知识无人区，大众、社会、时代需要更多的问答来明确未来的方向。我们只有在内容创作上保持原创，运用技巧才能为解决这些问题贡献自己的力量。下面，大家可以去知乎找一个点赞量超过 1000 的回答，并且找出其回答中使用的技巧。

（三）知乎账号引流

知乎内容创作的最终目的是引流和变现。

知乎达人蓝大仙人通过一篇"最新 2020 年 8 月液晶智能电视选购攻略"实现了 17924 个订单的转化，[26]蓝大仙人的成功离不开他在液晶电视领域的专业知识，更是抓住了消费者的需求，利用了知乎"知+"功能实现了订单的直接转化。

微课：知乎账号引流与推广

知乎引流技巧主要包括以下 5 个方面。

(1) 提高曝光量，得到更多推荐。问答的曝光量和内容权重、账号权重密切相关。内容权重主要由回答的点赞量、转发量、评论量和收藏量所决定；账号权重与实名认证、付费会员以及优质回答次数、盐值等有密切关系，因此，运营者必须在基本功上下功夫。

(2) 涨粉技巧。通过在简介里设置引流信息，将公域流量转化为私域流量；也可以通过在内容里设置关注或者回复赠送资料或服务的方式进行引流，保持账号的活跃，知乎会主动为你推荐粉丝。

(3) 在专栏中设置引流信息。在专栏里设置引流信息，例如提示加微信号，或手机号等方式进行引流也是知乎营销经常采用的手段。

"蓝大仙人"引流变现

简介引流

专栏引流

（4）知乎"知＋"。知＋是知乎商业团队为企业和个人用户提供的最符合知乎内容生态和平台价值的内容解决方案。

"知＋"是知乎2020年上线的新功能（图7-12），"知＋"一方面可以帮助有内容生产能力的企业寻找选题、生产更具用户价值的好内容；另一方面可以为缺乏内容生产能力的企业找到匹配的创作者和优质内容。[27]

"知＋"除了帮助企业创作高质量的内容，其新增的插件功能实现了从种草到变现的快速转换。企业可以在内容创作中利用插件功能植入店铺链接，直接实现引流变现（图7-13）。

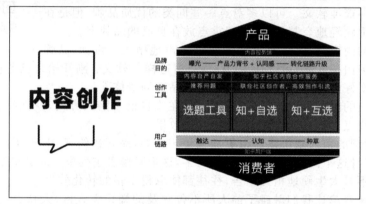

图7-12 "知＋"功能

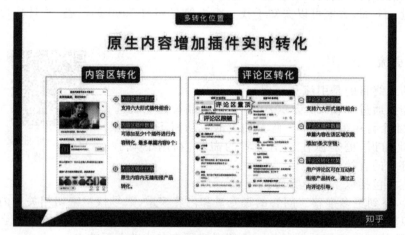

图7-13 知乎利用插件功能实时转化

知乎热榜

（5）利用好知乎热榜和视频。2021年，知乎迎来10周年纪念日，注册用户激增，"知乎热榜"和"视频"是两个流量巨大的入口，目前热榜前10的问题基本可以保持在数十万的流量，视频在回答首页依旧有单独的入口，为回答初期阶段提供了更多的曝光渠道，并且视频还未要求必须是原创。[28]利用好这两个流量入口做好产品的转化也是一个不错的选择。

（四）知乎账号引流推广

近年来，随着知乎在内容创作平台的影响力不断夸大，对站外流量拥有了越来越高的转化能力，例如，在百度搜索"植发"，就能很容易地跳转到知乎的搜索结果，这是知乎与各大平台进行战略布局和深度合作的结果，也是知乎内容影响力的一个表现。

除站内内容开放给百度等搜索引擎外，在知乎完成内容创作后，可利用微信、微博推送优秀高赞文章，利用抖音、快手等进行品牌传输；利用名人效应，例如，郎朗在知乎上开设钢琴课，吸引大家围观；也可以利用线下活动来组织、生产和传播内容；用户通过转发、引用的方式，将知乎上内容传播出去，用户点击或搜索这些内容就能引流到知乎 App 中。[29]

知乎引流推广虽然是为了变现，但是也一定不要忘记遵守公约、友好待人，通过创作优质有价值的内容服务于社会，这才是我们的初心。

知乎百度推广

自我练习

一、单选题

2021 年之后，知乎将 Slogan 更改为（　　）。
A. 有问题上知乎　　　　　　　　　B. 集众之智，探求真知
C. 有问题，就会有答案　　　　　　D. 全民知乎、创作未来

二、多选题

1. 以下属于知乎的产品矩阵的是（　　）。
   A. 问答社区　　　B. 知乎日报　　　C. 盐 club　　　D. 今日视频
2. 知乎用户的特点是（　　）。
   A. 男性多于女性　　　　　　　　B. 24 以下的年轻人占多数
   C. 地域分布广　　　　　　　　　D. 新兴中产是主流
3. 知乎的话题内容主要包括（　　）。
   A. 健康　　　　　B. 科技　　　　　C. 教育　　　　　D. 心理
4. 影响机构号盐值的因素有（　　）。
   A. 内容质量　　　B. 创造力　　　　C. 影响力　　　　D. 活跃度
5. 好的内容创作的特点有（　　）。
   A. 引人入胜的开头　　　　　　　B. 清晰的框架
   C. 不同问题不同答题技巧　　　　D. 打动用户，实现转化

三、判断题

1. 知乎盐值是机构号的综合评分，一共分为 V1～V6 共 6 个级别。（　　）
2. 挖掘合适的问题是内容创作的关键一步。（　　）
3. 分享型回答是知乎个人 IP 打造、吸粉、引流利器。（　　）
4. 内容权重主要由回答的点赞量、转发量、评论量和收藏量所决定。（　　）
5. "知+"是知乎商业团队为企业和个人用户提供的最符合知乎内容生态和平台价值的内容解决方案。（　　）

参 考 文 献

[1] 张琳.企业微博营销研究——顾客参与行为的视角[D].南京：南京邮电大学,2020.
[2] 邱新龙.基于微博数据的用户画像系统的研究与实现[D].北京：北京邮电大学,2020.
[3] 王一梦.小米的微博营销[J].商场现代化,2020(13)：70-72.
[4] 王世欣."种草"/"拔草"：社交媒体语境下粉丝消费行为研究[D].开封：河南大学,2020.
[5] 周静宜.关系、服务与共享：微信生态圈的创新构建、运行与未来[J].传媒,2019(24)：51-53.
[6] 张明明.社群经济视角下自媒体的运营研究——以"吴晓波频道"为例[D].合肥：安徽大学,2017.
[7] 王潇敏."罗辑思维"微信公众号的内容分析[J].新闻研究导刊,2017(3)：273-277.
[8] 朱杰,张丽娟.从"内容为王"的角度看微信公众号的兴衰[J].新闻论坛,2019(1)：7-10.
[9] 戴昕哲.基于微信营销模式下的企业品牌推广[J].职大学报,2017(3)：82-86.
[10] 赵一燊.社会网络嵌入理论视域下微信小程序的场景建构及其影响研究[D].南京：南京大学,2020.
[11] 徐迅雷."视频化生存"时代的"视频化表达"[N].企业家日报,2021-02-01(A03).
[12] 尹太白.视频号背水一战[J].信息系统工程,2021(2)：6-7.
[13] 孟梅.视频号：立足微信生态未来可期[J].中国报业,2020(17)：125.
[14] 高燕.新媒体时代短视频营销模式的反思和重构——以抖音短视频平台为例[J].出版广角,2019(8)：62-64.
[15] 李墨涵.抖音算法推荐机制的局限与对策分析[J].新媒体研究,2019(27)：28-29.
[16] 文俊,鲍远福.新媒体语境中商业"人设"的构建及其文化反思[J].视听,2021(5)：155-156.
[17] 秋叶.新媒体营销概论[M].北京：人民邮电出版社,2019.
[18] 饶俊思.电商直播营销应用及发展策略研究[D].南京：南京师范大学,2019.
[19] 王润锦.基于淘宝直播的网络营销策略研究[J].现代商贸工业,2020(30)：51-52.
[20] 陈诗宗.B站的运营及其利弊分析[J].采写编,2021,(8)：179-180.
[21] 乔婕.从B站跨年晚会看网络综艺节目的模式创新[J].传媒,2021(6)：64-66.
[22] 李媛媛.B站的"破圈"策略探析[J].新媒体研究,2020(14)：78-79.
[23] 彭倩.B站广告运营模式分析[J].新媒体研究,2021(15)：51-53.
[24] 劳万里,向琴,舒文博,等.今日头条号的特点及在科技期刊中的应用现状[J].编辑学报,2020(4)：457-460.
[25] 唐丁婷.微头条发展前景探析[D].长沙：湖南大学,2018.
[26] 知乎推广：如何才能做好知乎内容营销？[EB/OL].知乎,2020-04-15[2021-09-23].https://zhuanlan.zhihu.com/p/365138730.
[27] 大众新闻.知+重新定义知乎的商业化价值[EB/OL].网易新闻,2020-10-15[2021-09-23].https://www.163.com/news/article/FOVVCMOU00019OH3.html
[28] 亚澜.粗暴流量的困局中,"内容"成为突破口[EB/OL].百度百家号,20-09-22[2021-09-23].https://baijiahao.baidu.com/s?id=1678511810817305363&wfr=spider&for=pc.
[29] 青瓜传媒.知乎运营策略分析[EB/OL].今日头条,2019-09-03[2021-09-23].https://www.toutiao.com/i6732261363931939332/.